1% 가능성에
도전하라

| 강 덕 영 지음

1% 가능성에
도전하라

지 은 이 | 강덕영
펴 낸 이 | 김원중

편   집 | 변경련
디 자 인 | 고미용
마 케 팅 | 배병철
제   작 | 허석기
관   리 | 김선경

초판발행 | 2007년 5월 15일
2판발행 | 2009년 6월 20일

출판등록 | 제313-2007-000172호(2007.8.29)

펴 낸 곳 | (주)상상나무
            도서출판 상상예찬
주   소 | 서울시 마포구 상수동 324-11
전   화 | (02)325-5191
팩   스 | (02)325-5008
홈페이지 | http://www.smbooks.com

ISBN 978-89-86089-26-4 03320

값 12,000원

1% 가능성에 도전하라

The Power of
Possibility Thinking

상상예찬

여는 글

무한 경쟁시대에 다국적 기업을 운영하는 내게는 숙제처럼 늘 머리에서 떠나지 않는 것이 두 가지 있다. 하나는 기업의 CEO로서 바람직한 경영이란 무엇인가 하는 것이며, 다른 하나는 크리스천으로서 삶의 자세는 어떠해야 하느냐는 것이다.

이 물음에 대한 해답은 다년간 경영일선에서 쌓은 체험과 성경연구 속에서 스스로 깨닫는 경우가 많았다. 그것들을 하나둘 정리하다보니 제법 묵직해졌다. 이제 조금 먼저 살아온 선배로서 내가 깨달은 인생의 철학들을 꺼내놓으려고 한다. 이는 너무나도 단순하고 쉬운 것들이지만, 그렇기에 실천하기는 어렵다.

빠르게 변하는 세상 속에서, 젊은이들은 그 변화에 새겨진 각각의 원칙을 발견할 수 있어야 한다. 정체성을 잃지 않는 원칙중심의 인생관과 경제관이 확고히 세워지지 않으면 휘청대는 세상 속에서 무엇이 중요한지도 모른 채 비틀거릴 수밖에 없다.

이 책에는 나의 성공경험은 물론, 실패사례까지 가감 없이 들어가 있다. 내가 열심히 쌓아올린 이 무형의 자산이 삶의 가치관을 바르게 세우는데 조금이나마 도움이 되었으면 한다.

더불어 이 책이 작은 지혜의 책이 되었으면 하는 소망도 품어본다. 나는 좋은 책이라면 새로운 지식이나 지혜를 독자에게 주어야 한다고 생각한다. 지혜는 자연스레 부와 건강을 끌어오고, 어김없이 현재보다 더 밝은 미래로 인도해준다. 나 스스로도 언제나 간절히 바라 마지않는 정신적인 재산이 지혜다. 지혜를 구하는 마음은 삶을 살아가는데 무엇보다 소중한 것이다.

　이 책을 통해 단 한사람이라도 삶의 지혜를 얻을 수 있다면, 나아가 그 지혜를 허락하시는 절대자를 만날 수 있다면 나는 더없는 기쁨과 보람을 느낄 것이다. 꿈과 현실을 잘 조화해 뱀 같이 슬기롭고 비둘기 같이 순결한 지혜를 지닌, 많은 경영자들이 나왔으면 하는 바람이다.

　나는 늘 항해를 시작하는 기분으로 아침을 맞는다. 오늘은 어떤 멋진 풍경을 만날 수 있을까, 혹시 폭풍우가 몰려오지는 않을까, 폭풍우 속에서 잘 버텨내려면 어떻게 해야 할까. 그렇게 나의 매일은 약간의 두려움과 두근거림을 동반한다.

　한국유나이티드제약이라는 거대한 배와 이 배에 올라탄 선원들을 이끄는 선장으로서 항해의 선봉에 있기에, 나는 늘 강한 신념과 흔들림 없는 원칙을 갖고자 노력한다.

　인간이 자연의 풍랑을 잠재울 수는 없지만 그 풍랑을 뚫고 나아갈 수는 있다. 다만 풍랑을 이겨낼 강한 힘은 부단한 노력을 통해서만 얻을 수 있다. 노력만큼 어려운 것도 없다. 그러나 그것만큼 쉬운 것도 없다.

한국유나이티드제약(주) 대표이사

강덕영

Contents

성공하는 삶을 위한 자세

경영자가 지녀야 할 마음가짐

FTA 시대의 경영전략

유럽을 여행하다 보면 세계는 하나라는 생각이 절로 든다.

전에는 각 나라의 국경지역에 조그마한 초소라도 있었지만 지금은 스위스에서 프랑스로, 독일로 고속도로가 훤히 뚫려있어 그냥 통과하면 그만이다. 체코, 헝가리 등 동구권 국가도 마찬가지다. 물건도 유로화 하나만 있으면 모두 구입할 수 있다.

인터넷 세상은 더 말할 나위가 없다. 이제 세계는 하나가 되었고 상거래에서 국경은 의미가 없어졌다.

얼마 전 독일에 있는 바이어를 만난 적이 있다. 그는 성품도 좋고 성실하며 5개 국어를 자유롭게 구사하는 국제 사업가다. 그와 이야기하는 과정에서 독일사회의 변화가 귀에 들어왔다.

독일에서는 폴란드나 체코의 젊은 의사들이 들어와 나이든 독일 의사들의 자리를 거의 차지했다고 한다. 30%나 저렴한 인건비에도 불구하고 일은 더 열심히 하기 때문에 일자리를 내어줄 수밖에 없다는 이야기다.

프랑스도 청년 실업이 20% 정도라고 한다. 체코, 헝가리 등으로부터 싼 노동력이 밀려들어오니 정작 프랑스 청년들의 실업은 늘어날 수밖에 없다.

보통 우리나라의 대졸 초임 연봉이 3,000만원 정도인데 비해 베트남, 필리핀, 인도, 중국 등은 월 20만원 정도로, 연봉이 240만원에 불과하다. 필리핀과 베트남의 약사는 월 20만원, 의사는 월 50만원 정도를 받는다.

앞으로 우리나라도 이런 나라들과 인건비 경쟁을 해야 한다. 미국과의 FTA보다 더 무서운 것이 바로 노동시장의 변화라는 것을 우리는 알아야 한다.

상품도 마찬가지다. 미국에서 한 병에 5,000원 하는 건강식품이 한국에서는 15,000으로 차이가 배이상이다. 신사복, 신발, 구두는 물론이고 쇠고기를 비롯한 농산물은 말할 것도 없다.

특히, 제약산업의 경우는 너무 상대가 안 된다. 생산, 개발 등 모든 면에서 열세이고 이번 협상 내용을 보면 대부분 미국에게 양보했다. 이제 제네릭 제품 하나 내기에도 벅차게 되었다. 특허기간 연장 뿐 아니라 제품허가, 보험약가 등 모든 분야에서 어렵게 되었다.

그러다 FTA가 없이는 한국의 살길도 없다. 세계시장 중 국내시장은 1% 내외다. 모든 업종이 다 마찬가지라고 생각된다. 그리고 한국은 부존자원이 없는 나라다. 수출 밖에는 길이 없기에 FTA는 하지 않으면 안 되는 필수사항이다.

내가 속한 제약산업도 심각한 타격을 받아 반대하고 싶지만 나라가 살아야 제약산업도 있고 가정도 있는 것이 아닌가. 그래서 FTA는 반드시 체결되어야 한다고 생각하고 있다.

무조건적인 반대만이 능사는 아니다. 그에 대한 확실한 대책을 세우는 것이 오히려 발전적인 자세이다. 그 대책이라는 것이 만만치 않지만 몇 가지 소견을 피력한다.

첫째, 국내산업을 살리겠다는 최고 통수권자의 의지가 중요하다. 이러한 의지하에 행정부서는 기업경쟁력 강화를 위해 체계적이고 조직적인 국가 종합대책팀을 구성해야 한다. 그리고 민간 기업들과 전문가와의 공조체계를 구축하고 이를 뒷받침할 새로운 국내법을 만들어야 한다.

둘째, 무역 관련 국가기관은 칠레와 싱가포르 등의 업종별 무역 성공사례와 실패사례를 수집해서 해당 국가별로 마케팅 할 수 있는 방법을 구체적으로 교육해야 한다. 또한, 해외 마케팅과 신제품 개발에 들어가는 비용도 일부 지원해야 한다.

셋째, FTA 피해 업종에는 집중 지원정책을 세워야 한다. 제약산업인 경우는 IT산업과 더불어 30년간 국민을 먹여 살릴 업종인데 빠져나갈 수 없을 정도로 불리하게 계약이 체결되었다.

이에 대한 대책으로 특허 변리사, 국제 변호사 등과 식약청이 긴밀히 협력하여 대응책을 마련해야 한다. 특히, 신약 개발과 개량 신약

연구에 필수적인 동물 실험비를 절감하도록 국가가 지원하는 임상 시험기관을 운영해야 한다. 또한, 해외 마케팅과 해외 전시회, 해외공장 건설 등에 대한 지원책을 내놓아야 한다.

넷째, 약가 인하정책은 가뜩이나 FTA로 인해 생존 위협에 직면한 제약산업에는 너무나 어려운 정책이다. 앞으로 FTA를 극복하려면 미국 수준의 시설투자와 개발비가 든다. 현상유지도 어려운데 너무 큰 짐을 지우는 것이라고 생각된다. "숨 좀 쉬게 해주십시오."라고 제약협회가 계속 요청하는 목소리도 경청해야 한다.

끝으로, 농업분야에 있어서 농협은 금융지원에만 집중하지 말고 농협 본래의 농업협동조합으로 돌아가야 한다. 일본 농협의 사례를 참고해 종자연구, 공동판매, 공동구매 등 농업 근본의 활성화를 위해 노력해야 한다.

FTA는 위기이자 기회이다.

슬기롭게 대처하면 세계 일등국가로 도약하는 기회가 될 것이라고 생각된다. 새로운 기회라는 생각에 힘이 솟구친다.

힘내서 다시 해보자!

한국유나이티드제약(주)　대표이사

成
功

한국인이 주인인 다국적 기업,
사람과 함께 하는 따뜻한 기업을 만드는 것이
나의 꿈이요, 목표다.
지금도 나는 꿈을 생각하면 가슴이 뛴다.
일상의 작은 일들부터 열정을 가지고
즐겁게 일하는 자는 반드시 성공한다.

성공하는 삶을 위한 자세

위대한 것은
한순간에 창조되지 않는다

무화과 열매가 하루아침에 열리지 않듯이, 위대한 것은 한순간에 창조되지 않는다.
무화과 열매를 원한다면 먼저 꽃이 피기를 기다려라.
그리고 열매를 맺고 충분히 익을 때까지 기다려야 한다.

마음속에 원대한 꿈을 갖게 됐다면 그것을 되도록 많은 사람에게 알리라고 충고하고 싶다. 왜냐하면 우리가 다른 사람에게 우리의 꿈을 이야기하게 되면 우리에게는 꿈을 반드시 이뤄야 할 일종의 책임감이 생겨나기 때문이다. 이 책임감은 어렵고 힘든 여건 속에서도 꿈을 포기할 수 없게 하고 끝까지 그것을 이룰 수 있는 에너지를 제공한다.

꿈을 마음속에만 담아둔다면 그 꿈은 '언젠가'라는 꼬리표를 달고 있는 막연한 것으로 끝나버린다. 하지만 말을 통해 마음속의 꿈을 현실로 끄집어내면 꿈은 구체적인 형태를 갖게 된다.

꿈이 이처럼 구체화되면 우리는 꿈의 실현을 위해 가치 있는 충고를 아끼지 않을 좋은 조력자를 만날 수 있다. 동시에 꿈에 대한 도전 욕구를 더욱 강하게 만드는 경쟁자도 만날 수 있다.

혹자는 경쟁자를 피하기 위해 우리의 꿈을 최대한 숨겨야 한다고 주장하기도 한다. 하지만 경쟁자로 인해 꿈은 더욱 큰 가치를 갖게 되고, 온갖 역경을 물리치고 도전해서 반드시 이뤄내야 할 이유를 얻게 된다. 그만큼 꿈을 실현하는 길이 가까워지는 것이다.

하지만 우리의 꿈이 하루아침에 이뤄지는 것은 아니다. 꿈의 실현은 구체적인 작은 실천에서 시작된다. 하루에 한 가지씩 실천을 더한다면 성공으로 다가가는 우리에게는 가속도가 붙게 된다. 즉 하나의 실천을 더하면 결과는 제곱으로 나타난다는 얘기다.

이 속도를 계속 유지하려면 페달 밟기를 게을리 해서는 안 된다. 페달을 밟는 일이 작은 일이라고 안일하게 생각한다면 자전거는 쓰러지고 만다. 중요한 것은 일상의 작은 일부터 꾸준히 계속하는 것이다.

인간은 습관의 동물이다. 꾸준한 습관을 기르는 것은 근력을 기르는 것과 비슷하다. 이를 위해서는 매일 매일 피나는 연습을 해야 한다. 때로 힘겨운 연습은 강한 스트레스가 되어 사람들을 짓누르기 때문에 사람들은 종종 지름길의 유혹을 느끼기도 한다. 하지만 쉬운 길을 찾는 사람은 방향도 없이 터널을 뚫는 사람과 같다. 그런 터널은 이내 막히거나 곧 무너져버릴 것이다.

때문에 고대 그리스의 철학자 에픽테투스는 "무화과 열매가 하루아침에 열리지 않듯이, 위대한 것은 한순간에 창조되지 않는다. 무화과 열매를 원한다면 먼저 꽃이 피기를 기다려라. 그리고 열매를 맺고 충분히 익을 때까지 기다려야 한다."고 말했다.

아무리 원대하고 구체화된 꿈이 있다 하더라도 실천에 옮기지 않는다면 그것은 무용지물이나 마찬가지다. 꿈의 실현에 실패한 사람들은 대부분 작은 일을 실천하는 노력이 부족했던 사람들이다.

꿈을 실현하기 위해서는 반드시 해야 할 것이 있다. 그것은 일상의 작은 일들을 게을리 하지 않고 실천에 옮기는 것이다. 작은 실천을 통해 상상외로 큰 열매를 거둘 수 있게 될 것이다.

꿈이 성공의 원동력이다

I have a Dream!
우리가 꿈만 버리지 않는다면 절망의 동산에서 희망의 반석을 캐낼 수 있다.

사람들은 누구나 자신이 최선을 다했을 때 그 일에 만족을 느끼게 된다. 또 최선을 다하는 열정이 있을 때 그 일은 반드시 성취된다.

열정은 곧 힘이다. 열정적으로 일하는 사람과 함께 있으면 우리는 곧 그 힘에 감염된다. 열정은 그만큼 전염성이 강하다. 사실 일을 성취하는 데 있어서 테크닉은 그다지 중요하지 않다. 일의 성패를 결정짓는 것은 열정이다. 일에 대한 열정이 없으면 그 일은 절대 이뤄지지 않는다. 열정이 있고 없음에 따라 성공과 실패가 나뉜다고 해도 과언은 아니다.

나는 그동안 내 일에 열정을 가지고 최선을 다했다. 열정의 힘으로 밤낮 없이 뛰어다녀도 지칠 줄 몰랐다. 하지만 나도 인간인지라 때때로 너무 지치고 힘들어서 회사 일을 그만두고 싶다는 생각이 들 때도 있었다. 꼼짝할 수 없는 막다른 골목에 갇힌 기분이 들 때도 있었다. 혹은 벼랑 끝에 서있다고 생각되기도 했다. 그럴 때마다 나는 나의 꿈, 나의 목표를 상기했다. 꿈을 통해 나는 다시 열정을 되찾곤 했다.

마틴 루터 킹 목사는 한 연설에서 "우리가 꿈만 버리지 않는다면 절망의 동산에서 희망의 반석을 캐낼 수 있다."고 역설했다. 인간은 꿈을 꿈으로써 성장하고 그 꿈으로 인해 위기와 절망을 극복할 수 있는 힘도 얻을 수 있기 때문이다.

꿈꾸는 사람은 미래를 만들어낼 수 있다. 그렇지 못한 사람들은 다른 사람들이 만들어놓은 세상에서 불편을 하소연할 뿐이다. 그래서 꿈꾸는 사람은 세상의 법칙을 만드는 지배자가 되고, 그렇지 못한 사람은 그 법칙에 따라야 하는 피지배자가 된다.

한국인이 주인인 다국적 기업, 가난하고 아픈 사람들과 함께 하는 따뜻한 기업을 만드는 것이 나의 꿈이요, 목표다.

내가 아는 어떤 사람은 자신의 목표를 적은 종이를 항상 지갑에 넣고 다닌다고 한다. 지갑을 꺼낼 때마다 자연스럽게 그 종이가 보이고, 거기에 적힌 자신의 목표를 상기하게 되는 것이다. 그렇게 하루에 한 번씩이라도 자신의 꿈을 상기하면서, 그것으로 그는 하루를 살아갈 힘을 얻게 된다고 한다.

꿈이 있는 사람은 일에 끌려다니는 것이 아니라 일을 찾아다닌다.

주어진 일을 마지못해 할 때와 필요한 일을 찾아서 할 때 그 결과는 천지 차이다. 수동적인 자세로는 절대 발전을 이루어낼 수 없다. 능동적으로 일을 찾아다닐 때 꿈의 실현은 앞당겨질 것이다.

성공하는 사람들의 삶의 자세는 대개 능동적이다. 때문에 나는 일을 열정적으로 끌고 가기를 원한다. 일에 끌려다니는 것은 원하지 않는다. 그래서 나의 인생철학도 '일을 즐기며 하자'이다. 돈을 벌기 위해 억지로 일에 매달리는 것이 아니라 내 꿈의 성취를 위해 즐겁게 일하자는 얘기다.

지금 이 나이에도 나는 꿈을 생각하면 가슴이 뛴다. 잠시 주저앉았던 나 자신을 곧추 세울 힘이 불끈 솟는다.

성공하기 위한 다섯 가지 근성

> 나 자신의 삶은 물론, 다른 사람의 삶을 삶답게 만들기 위해
> 끊임없이 정성을 다하고 마음을 다하는 것처럼 아름다운 것은 없다.

한국 사회는 정말 특수한 사회다. 다른 나라와 달리 감성적인 면이 일반 상거래에도 중요하게 작용한다.

한 약사모임에서 어떤 분이 "한국 사회에서 성공하려면 다섯 가지 근성이 있어야 합니다. 쌍기역으로 시작하고 한 글자로 된 이 말이 무엇인지 아십니까?"라고 물었다.

그 질문을 듣고 나는 즉시 "깡"이라고 했다. 맞다고 했다. 그리고 "끼"라고 했다. 또 맞다고 했다. 그리고 "꿈"이라고 했다. 역시 맞다고 했다. 나머지는 무얼까 한참 생각했지만 생각이 나지 않아 머뭇거리고 있으니 그분이 "끈"이라고 알려주었다. 그리고 나머지 하나는

"꼴"이라고 한다. "아하!"하며 고개가 저절로 끄덕여졌다.

요즘은 젊고 아름답고 건강해야 출세한다. 성형외과가 성황을 이루는 것도 그런 이유가 아닌가 한다. 그러나 단순히 외적으로만 예쁘다고 '꼴'이 갖추어진 것은 아니다. 내면에 흐르는 아름다움이 외면으로 배어나올 때 비로소 진정한 '꼴'의 의미를 갖게 되는 것이다.

'깡'은 아마 패기를 이르는 말인 듯하다. 패기 없이는 정말 아무 일도 못한다. '무엇 때문에 못한다'가 아니라 '그럼에도 불구하고 해낸다'는 강한 정신, 이것이 바로 깡이다.

'끼'는 타고난 재능을 이야기한다. 언젠가 나는 어느 성악가 교수의 노래를 들었다. 음정, 박자, 모든 것이 나무랄 데 없이 정확했지만 이상하게도 음악이 내 마음을 움직이지는 못했다. 아마도 끼가 없기 때문일 것이다. 끼라는 것은 후천적으로 닦여지는 것이라기보다는 선천적으로 타고나는 면이 많은 것 같다.

다섯 가지 중 '꿈'은 누가 주는 것이 아니라 스스로가 찾아서 가지는 것이다. 찾고자 하면 얼마든지 찾아서 발전시켜 나갈 수 있다. 꿈이 없는 사람은 희망이 없는 사람이다. 철학자 키에르케고르도 희망이 없는 절망을 '죽음에 이르는 병'이라고 말했다. 희망이 없고 꿈이 없는 젊은이는 세상에서 가장 불쌍한 존재다.

그리고 '끈'은 인맥을 뜻한다. 이것 역시 스스로 형성해가야 한다. 우리가 상대방에게 많은 것을 베풀 때 끈끈한 유대가 생기고, 그것이 쌓여서 끈을 만든다. 친구관계, 동기관계, 너와 나의 관계, 그 모든 것이 끈이다.

학연과 지연, 혈연을 넘어 진실과 성실로 이어지는 끈은 우리의 노력으로 만들어야 한다. 아무리 같은 고향이나 같은 학교 출신이라도 노력 없이는 나의 끈으로 만들 수 없다. 평소에 아무런 연락도 없다가 몇년 만에 불쑥 전화해서 어려운 것을 부탁해보라. 그는 절대로 도와주지 않는다.

평상시 인간관계를 잘 맺어야 어려울 때 도와주게 된다. '이웃사촌'이라는 말도 있지 않은가. 진실과 성실로 끈을 만들어 힘든 세상 서로 도우면서 살아가야 한다. 이것이 바로 세상을 함께 살아가는 윈-윈(win-win) 전략인 것이다.

위기관리 능력은 성공의 필수조건

기량이 있는 사람은 아무리 위급한 순간이 다가와도
절대로 나약한 모습을 보이지 않는다. 세상에 대한 자신감을 가지고
역경과 맞서 싸워야만 한다. 어떤 고난도 반드시 끝이 있기 마련이다.

세상사는 좋은 일이 있으면 나쁜 일이 꼭 뒤따르게 마련이다. 그래서 호사다마(好事多魔)라는 고사성어도 있는 것이 아닌가.

특히 영업을 할 경우에는 이런 경험을 자주 한다. 좋은 일과 나쁜 일의 연속이 바로 영업사원의 일상이라고 해도 과언이 아닐 것이다. 그러므로 영업사원으로 적합한 타입은 매일 다가오는 위기를 두려워하지 않고 그것과 당당히 싸워 이길 수 있는 사람이다.

사실 모든 조직과 개인은 언제나 위기에 직면하거나 또는 위기를 초래할 가능성을 안고 있다. 그래서 언제나 위기에 대해 사전 예방책

을 강구하고 유사시 대응방안을 수립하여 체계적으로 신속히 대처하는 위기관리 능력을 키워야 한다. 연속된 위기 속에서 위기관리 능력을 키운 영업사원은 성공할 가능성이 그만큼 높다. 위기를 무사히 극복하면 그 뒤에는 찬란한 성공이 기다리고 있기 때문이다.

그렇다면 위기관리 능력의 첫째 조건은 무엇일까. 위기를 슬기롭게 극복하기 위해서는 무엇보다 두려움이 없어야 한다. 사실 두려움이란 모든 사람이 경험하는 감정이다. 그러나 두려움 때문에 우리의 발길과 사고를 멈추고 어리석은 선택을 해서는 안 된다. 두려움이 우리의 삶을 지배하도록 방치한다면 우리는 발생 가능성이 전혀 없는 엉뚱한 결과에 대해 걱정하면서 소중한 시간을 허비하는 우를 범할 수도 있다.

둘째로 위기가 닥칠 때까지 실천을 미뤄서는 안 된다. 즉 미리 계획을 세워 위기에 대처하라는 얘기다. 계획은 위기 가운데서도 성공으로 이어지는 다리와 같다. 계획의 다리를 사전에 튼튼하게 건설한다면 어떤 위기가 닥치더라도 그것을 무사히 넘어 성공의 기쁨을 누릴수 있다.

이밖에 성공을 꿈꾸는 영업사원에게 꼭 필요한 것은 계속되는 위기로 누적되기 쉬운 스트레스를 효과적으로 해소하는 방법이다. 많은 사람들이 스트레스를 술과 유흥으로 푼다. 하지만 이것은 시간과 돈을 낭비할 뿐 아니라 자칫 잘못하면 건강까지 잃게 되는 매우 위험한 방법이다.

나는 그동안 영업사원으로, 또 경영인으로 사회생활을 하는 가운데 참으로 많은 위기를 맞았다. 그때마다 위기를 극복해나가며 이전보다

강하고 담대한 성격으로 변모하는 나 자신을 발견할 수 있었다.

'나는 새도 떨어뜨린다' 는 국보위 시절, 그 당시는 내가 D사의 영업과장이었을 때다. 기업의 비리조사가 한창이었는데 우리 기업도 예외는 아니었다. 기업의 모든 부정과 비리를 조사한다고 영업책임자와 실무책임자를 구속하고, 모든 장부를 압수했다. 우리는 소리만 들어도 오금이 저리는 무시무시한 곳으로 끌려가, 바깥세상과는 완전히 단절된 그곳에서 조사를 받았다. 집에 있는 식구들에게조차 알리지 못한 상태였다. 정말 무섭고 끔찍한 순간이었다.

그들은 나에게 그동안 영업을 하면서 저지른 모든 불법을 자백하라고 강요했다. 거의 십여 년간 신뢰를 바탕으로 인간관계를 맺어온 거래처 사람들과 내가 몸담아온 직장에 치명적인 타격을 입힐 그런 일들을 모두 털어놓으라는 것이었다. 조사관들은 이미 회사의 다른 직원들이 모두 자백했으니 아니라고 고집을 피워봐야 소용이 없다며 그들에게 동조할 것을 종용했다.

내가 조사받던 그 옆방에는 우리 회사 영업부장이 조사를 받고 있었다. 나는 모든 잘못은 실무를 맡고 있는 나의 책임이고, 부장은 전혀 모르는 일이라고, 모든 책임을 떠맡기로 스스로 결심했다. 정말 두렵고 무서운 상황이었지만 나는 절대 회사와 그동안 나를 믿고 거래해준 사람들에게 피해를 줄 수 없었다.

내가 모든 것을 얘기하면 나는 평생 몸담아왔던 직장은 물론이고 그동안 쌓아올린 거래처들을 모두 잃게 될 것이 자명한데 그렇게 할 수는 없었다. 그래서 모든 책임을 내가 지겠다고 계속해서 분명히 밝혔다.

그런데 옆방에서 조사를 받던 부장도 모두 자기 책임이라고 고집을 피우고 있었던 모양이다. 이렇게 서로 책임을 지겠다고 나서니 조사관들도 난감해하기 시작했다. 다른 회사 직원들은 모두 남에게 책임을 떠넘기기에 급급한 가운데, 우리만은 서로 책임을 지겠다고 하니까 오히려 우리의 말에 더 믿음이 갔던 모양이었다. 우리를 대하는 그들의 태도가 부드럽게 바뀌었다.

모든 조사가 끝나고 귀가 조치가 내려졌다. 다음날 회사에 출근을 하자 회장님께서 부르시더니, 고생을 했다며 위로의 말을 건넸다.

등골이 오싹한 그런 순간에 회사와 거래처 사람들을 생각하면서 차라리 내가 손해를 보겠다고 나섰던 용기가 도대체 어디서 나온 것이었을까. 지금 생각해봐도 참 대견스러운 일이다.

이런 어려움을 통해서 나는 더 많은 것을 배우며 성숙해갔다. 이런 경험들이 사업하면서 맞았던 여러 위기들을 무사히 넘기는 데 큰 도움이 됐다.

마인드웨어(Mindware)를 다시 짜라

회사는 생명체다. 끊임없이 탈피해야만 한다.
방법도 변해야 하고, 초점도 변해야 하고, 가치도 변해야 한다.
그러한 변화들의 총합이 바로 변혁이다.

우리 속담에 "소 잃고 외양간 고친다."는 말이 있다. 우리나라 상황이 꼭 그런 형국이다. 우리는 언제나 사고가 터진 다음에 대비책을 강구한다고 야단법석이다. 그나마 대비책이라도 제대로만 강구하면 좋겠다. 임시방편으로 얼렁뚱땅 그 순간만 모면하려 하니까 더 큰 문제가 생겨난다. 외양간을 고치긴 하지만, 소가 넘어서 도망간 곳만 고친다는 얘기다. 그러니 일이 제대로 수습될 리가 없다.

일단 소를 잃었다면 다시는 그런 일이 일어나지 않도록 완벽한 대비책을 세우는 것이 필요하다. 이것은 기업을 운영하는 사람이라면 반드시 숙지해야 할 사항이 아닐 수 없다. 기업이라는 것은 도미노와 같아서 하나가 잘못되어 넘어지면 모든 것이 와르르 한순간에 무너지기 때문이다.

유비무환(有備無患)까지는 바라지 않더라도, 한 번 터진 사고가 재발하지 않도록 할 수는 있다. 나는 직원이 처음 실수를 저질렀을 때는 크게 나무라지 않는다. 하지만 그 실수가 반복될 때는 가차 없이 책임을 묻는다. 이는 직원들이 이미 발생된 문제에 대해 수동적으로 대응하지 않고, 조금이라도 더 적극적으로 대처하도록 하기 위함이다. 그래야만 발전할 수 있다. 매번 발생하는 문제만 처리하느라 급급하다 보면 그 자리에서 계속 맴돌 뿐, 더 이상 진전이 없다.

이를 위해서는 어떤 상황에서도 적용할 수 있는 구체적인 시나리오를 여러 개 준비하는 것이 좋다. 즉 미리 일어날 가능성이 있는 위험한 상황을 몇 가지 설정해놓고, 그에 대한 대비책을 미리 강구하자는 얘기다. 좀 더 구체적으로 이야기하자면 소가 넘어갈 모든 경로를 미리 점검하는 것은 물론, 소가 담장을 넘을 경우와 도둑이 들어 소를 끌어낼 경우 등 모든 경우의 수를 총동원하여 그에 대한 대책을 구상해야 한다는 말이다.

이것은 단순히 머릿속에서 막연히 구상해서 되는 것이 아니다. 구체적인 내용까지 모두 완벽하게 갖추고 있어야 한다. 과거를 뛰어넘는 미래적인 시스템 건설에 모든 에너지를 쏟아 우리가 이끌 새로운 사고방식을 찾아내야 한다. 새로운 시스템을 가동시키기 위해 필요한 정신적 소프트웨어, 즉 마인드웨어(Mindware)를 다시 짜야 한다는 말이다.

마인드웨어는 한 개인이 하룻밤에 뚝딱 짤 수 있는 것이 아니다. 국가적 역량을 총동원해서 해야 할 일이다. 힘이 부족하다면 남의 지혜라도 빌려와야 한다. 적극적인 벤치마킹을 통해 다른 나라의 사례를 배워오는 것도 좋은 방법이 될 수 있다.

이렇게 할 때 우리나라 여기저기서 터지고 있는 안전 불감증으로 인한 사건들도 줄어들고, 기업도 튼튼한 발판 위에서 발전을 향해 도약할 수 있을 것이다.

관심의 끈을 놓지 마라

> 시대의 추세를 알고 자신이 서있는 자리를 안다는 것은
> 법, 사업, 정치 등 어느 분야에서나 불가결한 것이다.

얼마 전 신문에서 신기한 사진을 하나 보았다. 그것은 아름다운 미인의 조각으로 이집트 해저에서 끌어올린 것이었다. 그 미인은 옛날 이집트인들에게 많은 사랑을 받았던 여신 이시스였다. 이 조각의 발굴을 통해 그동안 신비에 가려져 있었던 오시리스와 이시스가 긴 침묵을 깨고 세상 밖으로 얼굴을 드러내게 된 것이다.

여신 이시스의 남편은 이집트의 주신인 오시리스다. 신화에 의하면 오시리스는 그의 지위를 노린 아우 세트신에게 갈가리 찢겨 살해되었다. 후에 아내 이시스에 의해 부활하여 지하 세계를 장악하고 죽음의

신으로 남았다고 한다. 이 이야기는 팔레스타인 지방의 바알신과도 연결되고, 또 바벨론의 세미라미스 신화로 이어진다.

세미라미스는 인류 최초의 영걸인 니므롯의 아내였다. 니므롯이 죽은 후 처녀잉태를 하여 아들 탐무즈를 낳았다. 그는 거대한 멧돼지에게 살해됐다가 다시 살아났는데, 제사 때 돼지의 머리고기를 먹는 습성이 여기서 유래되었다고 추정하기도 한다. 탄식과 애도의 전설을 그대로 간직한 탐무즈의 제례의식은 오시리스의 그것과 핵심부분이 비슷하다. 탐무즈는 태양신 바알의 시조로 니므롯의 환생이라고 보기도 한다. 또 오시리스는 니므롯의 이집트식 이름이고 탐무즈는 시리아식 이름으로 오시리스와 니므롯, 그리고 탐무즈가 같은 신이라는 견해도 있다.

니므롯은 물고기 신인 다곤으로 숭배받기도 했는데 여신 이시스 역시 머리에 물고기가 있는 모습으로 그려지기도 했다. 이 신화가 터키의 버가모 지방을 거쳐 로마로 들어간 것으로 추정되는데, 그래서 물고기 형상과 기독교의 표시가 일치하는 우연을 보이기도 한다. 모든 신화들이 서로 꼬리에 꼬리를 물고 연결되어 있다는 말이다.

이와 같이 세계 한 모퉁이에서 일어나는 일, 그리고 한두 줄의 신문 기사 등이 세계 문화를 아우를 수 있는 작은 연결점이 되는 것을 자주 볼 수 있다. 지금은 세계가 하나로 연결되는 지구촌 시대로, 변방의 작은 나라에서 벌어지는 일도 세일즈 세계에서는 대화를 이끌어갈 수 있는 주요한 소재가 된다. 문화와 문화 사이의 상관성을 이해하지 못하면 국제 비즈니스에서 뒤떨어질 수밖에 없는 것이 현실이다.

따라서 일류 세일즈맨이라면 여러 나라의 문화와 전통에 대해 해박한 지식과 정보를 가져야 한다. 꾸준한 독서와 함께 항상 눈과 귀를 열어놓아야 한다. 세계 사람들을 대상으로 물건만 팔 것이 아니라, 우리나라의 문화와 얼을 전파한다는 생각을 가져야 할 것이다.

리더십을 타고나는 사람은 없다

리더십에 관한 가장 위험한 미신은 리더란 타고나는 것으로
리더십에는 유전적 요소가 있다는 것이다.
이 미신에 따르면 카리스마적 성격을 타고난 사람이 따로 있다.
그러나 이것은 거짓이다. 리더는 태어나는 게 아니라 만들어지는 것이다.

관리자는 회사 발전에 도움이 될 수 있는
방향으로 부서를 이끌어야 한다. 즉 조직의 유익이 우선적으로 고려
되어야 한다는 얘기다. 관리자 개인이 원한다고 해서 조직의 이익은
생각지도 않은 채 무조건 그 방향으로 부서를 이끄는 것은 참으로 위
험하다. 관리자의 독선은 회사를 망치는 요소 중 하나가 될 수 있다.

그렇다고 해서 관리자가 부서원들이 원하는 대로 무조건 따라가서
도 안 된다. 회사에 불만을 가지고 있는 부서원들의 비위나 맞추는 식
으로 조직을 운영하는 것은 회사를 위해서나 부서원들을 위해서 결코
바람직하지 않다. 이는 회사의 발전을 저해하는 것은 물론, 이런 관리

자 밑에서는 직원들 역시 아무것도 배울 것이 없기 때문이다.

'사람 좋은' 관리자보다는 '유능한' 관리자가 되어야 한다. 적극적으로 실무에 뛰어들어본 경험 없이 그저 나이가 들어 직함만 단다고 다가 아니다. 부하직원 꽁무니만 쫓아다니며 의견을 수렴한 후 자기 의견 없이 윗사람에게 전달하는 무능한 관리자가 되어서는 안 된다.

관리자는 부서원들에게 욕을 먹을 각오로 어려움을 감수하고 부서원들을 철저히 교육해야 한다. 직원들에게 가르칠 것을 가르치지 않는 관리자는 관리자로서의 자질이 없는 사람이다.

교육을 철저히 하는 것과 동시에 직원들에게 관심을 가져야 한다. 직원들의 불평이나 희망사항 등에 귀 기울여서 회사 차원에서 원만하게 해결될 수 있도록 적극 나서야 한다.

관리자가 무조건 상명하달 식으로 직원들이 해야 할 것만을 강요하다 보면 반발이 생기기 쉽다. 이렇게 회사에 불만이 쌓이게 되면 직원들은 조직에 적응하지 못하고 도태될 수밖에 없고, 결국 그들은 회사를 떠나게 된다. 그러면 조직에 구멍이 뚫리게 돼 회사에도 결코 유익하지 못한 결과를 초래한다. 그러므로 관리자는 경영자와 직원들의 생각을 이어주는 커뮤니케이션의 통로 역할을 해야 한다.

그렇지 않고 관리자가 위에서 지시한 내용이나 아래에서 건의한 것을 중간에서 차단하게 된다면 회사는 동맥경화증에 걸릴 수밖에 없다. 회사가 동맥경화증에 걸리면 상하간의 원활한 의견 교환이 이뤄지지 않아 회사 발전을 저해하는 것은 물론이고, 잘못하면 회사가 망할 수도 있다. 동맥경화증을 유발시키는 관리자는 회사에 있어서 암적인 존재일 수밖에 없다.

사람의 본성은 대개 비슷하다. 사람이라면 누구나 쉬고 싶고 놀고 싶고 자유롭기를 원한다. 그런 사람의 본성을 잘 컨트롤해서 열심히 일할 수 있도록 만드는 것이 관리자의 가장 큰 책무다. 즉 직원들을 어떻게 관리하느냐에 따라 그들의 능력 활용도가 달라진다.

주어진 목표를 시간 내에 성취할 수 있도록 사람들의 의욕을 불러 일으키는 것이 관리자의 역할이다. 이를 위해서는 관심과 애정이 무엇보다 중요하다. 관리자는 직원에게 관심을 갖고 훈련과 격려를 통해 그들이 열심히 일할 수 있도록 독려해야 한다. 다시 말해 채찍과 당근을 지혜롭게 사용할 줄 아는 관리자가 진정 훌륭한 관리자라고 할 수 있다.

최근 가장 많이 거론되고 있는 화두가 '리더십'이다. 나는 관리자에게 리더십은 절대적인 필요 요소라고 본다. 리더십은 사람들을 따르게 하는 능력이다. 훌륭한 리더는 스스로 원해서 일할 수 있도록 사람들에게 동기를 부여할 수 있는 사람을 말한다.

이러한 리더십을 바탕으로 관리자는 직원들을 통솔하고 이끌어나 갈 수 있다. 리더십은 훌륭한 관리자가 되기 위해서 반드시 갖춰야 할 자질이요, 덕목이다.

그런데 많은 사람들이 리더로서의 역할을 꿈꾸면서도 종종 이를 불가능한 것으로 단정 짓고 포기할 때가 있다. 이는 리더십은 타고나는 것이라는 생각 때문이다. 하지만 리더십은 후천적으로 얼마든지 기를 수 있다. 태어날 때부터 리더의 능력을 가진 사람은 거의 없다.

나는 카리스마조차도 습득될 수 있다고 본다. 그러므로 솔선하여 모범을 보이는 자세와 그것을 이루고자 하는 의지만 있다면 누구나 리더가 될 수 있다. 리더십을 가진 훌륭한 관리자가 되기 위해서는 솔선수범과 강한 의지라는 필수요소를 몸에 익히는 훈련이 필요하다.

작은 달걀의 위력

강하고 큰 것은 아래에 머물고,
부드럽고 약한 것은 위에 있게 되는 것이 자연의 법칙이다.
천하의 지극히 부드러운 것이 천하의 강한 것을 지배한다.

2004년은 사회적으로도 그렇고 회사 내
에서도 많은 변화가 있었던 해이다. 매출을 올리고 이익을 내야 한다
는 중압감도 많은 해였지만 그런 물리적인 어려움보다 더욱 힘든 것
은 사람들과 부대끼며 일해야 하는 어려움이었다.

결국 회사도 사람들이 주축이 되어 이루어진 것이다. 그렇기 때문
에 사람들 간의 관계에 따라 회사가 잘 되느냐 못 되느냐가 결정된다
고 말할 수 있다.

좋은 사람이 많이 모여 있으면 좋은 회사고, 나쁜 사람이 많이 있으
면 나쁜 회사다. 좋은 경영 분위기는 모인 사람들이 좋은 감정을 가지

고 서로 협력하면 자연스럽게 조성되는 것이다.

　우리 회사의 부서 중에서 내가 각별히 신경 쓰는 부서가 있는데 그곳이 바로 품질관리부다. 이곳은 각자 개성이 강해 단결이 좀처럼 안되는 부서였다. 새로 온 부서장도 단합을 위해 대화하려는 노력을 여러번 했지만 그 결과가 신통치 않았다.

　하루는 점심시간에 부서장이 옛날 자기가 가장 좋아했던 음식이었다며, 도시락에 들어있는 삶은 달걀에 담긴 추억담을 이야기하게 되었다.

　"요즘은 달걀이라고 해봐야 얼마 안 하지만 옛날 우리 어렸을 때는 달걀 반찬을 싸온 친구들은 부자로 취급받았었지."

　그 이야기를 듣던 신입 여직원이 다음날 아침에 달걀 수십 개를 삶아 전 부서원에게 나누어주었다.

　특히 부서장은 이 달걀을 먹으면서 직원들이 자기를 환영해주고 있다는 느낌이 들어서 고마움에 목이 메었다고 했다. 그리고 모두 신입 여직원에게 고마움을 느꼈다.

　그후 변화가 일어났다. 이미 자리를 잡고 있던 직원들은 자신들이 알고 있는 기술을 친절하게 부서장에게 설명해주고, 그런 선배들의 모습을 본 신입사원들도 더욱 고분고분하게 따랐다고 한다.

　부서장도 직원들의 어려운 점을 해결하고자 밤늦게까지 열성적으로 일했고, 중간 관리자도 늦게까지 일하는 분위기로 바뀌었다고 한다. 이 부서가 열심히 일을 하니 다른 연구소 직원들도 이에 뒤질세라 열심히 하며 부서 간 경쟁 체제가 자연스레 형성되었다.

나는 이 이야기를 듣고 느낀 점이 많았다. 아무리 사장이 이야기를 하고 공장장이 말을 해도 움직이지 않던 직원들의 마음이 신입 여직원의 조그만 자기희생으로 움직인 것이다. "부드러운 것이 능히 강한 것을 이길 수 있다."는 옛말이 빈말이 아니라는 생각이 들었다.

서로 조금씩 양보하면 닫혔던 마음을 열리고, 우리가 마음의 문을 활짝 열면 따뜻한 정이 배어나오게 되어 있다. 이것은 우리를 감동시키고 서로를 외롭지 않게 할 것이다. 나의 것을 조금씩 내놓는 넉넉한 마음이 따뜻한 사회를 만들 수 있다. 우리의 따뜻한 마음은 심신의 피곤함을 보듬고 나아가 경제의 어려움도 이겨낼 수 있게 해준다.

"사랑합니다. 존경합니다."라는 말을 서로에게 해보자. 정말 근사하고 멋지지 않은가.

중간 관리자의 힘

위대한 지도자는 비전과 일상의 간격을 메워주는 교육자여야 한다.
그러나 자기가 선택한 길을 사회가 따라오게 하기 위해
혼자서 그 길을 걸어가야만 하는 사람이다.

기업들 사이에서 배움 열풍이 불고 있다. 직원들도 자기계발에 열심이라 봉급쟁이를 뜻하는 샐러리맨과 학생이라는 뜻의 스튜던트를 더해 '샐러던트(Saladent)'라는 용어까지 나왔을 정도다.

새로운 지식은 항상 개인으로부터 시작된다. 뛰어난 연구자는 새로운 기술을 개발하고, 시장의 변화를 잡아내는 중간 관리자의 감각은 중요한 신제품 개발에 강한 촉매 역할을 하게 된다. 또 현장 작업자는 다년간의 경험으로부터 공정을 보다 효율적으로 혁신시킬 아이디어를 얻게 된다.

이처럼 개개인이 가진 지식을 어떻게 기업 전체에 반영시킬 수 있는 가치로 바꿀 것인가를 찾아내는 힘이 바로 성공의 관건이다. 즉 기업은 좋은 인재를 활용할 수 있는 자질을 갖춰야 한다는 얘기다.

여기에 중요한 역할을 담당하는 것이 바로 중간 관리자다. 중간 관리자는 전략적인 거시정보와 현실감 있는 미시정보 등 회사 내부의 크고 작은 정보를 통합할 수 있는 전략적인 위치에 있기 때문이다.

따라서 중간 관리자부터 실력을 갖추고 있어야 아랫사람을 제대로 교육할 수 있다. 야단칠 부분은 엄하게 야단을 치고, 질타할 부분은 모질게 질타해야 한다. '마땅히 가르칠 부분'을 가르칠 수 있는 사람이 되어야 한다는 말이다. 이런 혹독한 교육을 이겨내지 못하고 뛰쳐나가는 직원은 어차피 회사에서 버텨낼 자질이 없는 사람이다. 중간 관리자는 직원들의 궤도 이탈이 두려워 확실한 교육을 포기하고 임시방편적인 인기 전술로 직원을 붙잡으려 해서는 안 된다. 혹독한 교육을 이겨내는 사원만이 회사의 진정한 일원이 될 수 있기 때문이다. 그렇게 훈련된 직원들의 업무 능률이 향상되는 것은 당연하다. 나아가 그들 하나하나의 능력이 모여 회사는 더욱 탄탄하게 발전할 수 있는 것이다.

중간 관리자는 또한 개인의 비전을 전체의 큰 비전으로 연결시키고, 전체의 큰 비전을 개인의 비전으로 삼을 수 있도록 해야 한다. 이를 위해서는 중간 관리자부터 자신의 비전 실현을 위해 구체적인 노력을 해야 한다. 왜냐하면 개인의 비전 성취를 위한 노력이 전체의 성공에 크게 기여하며, 전체의 성공이 바로 개인의 비전 성취로 직결된다는 것을 몸소 보여주는 예가 되어야 하기 때문이다.

따라서 중간 관리자들이 스스로의 비전을 실현하고, 조직 내의 집중적인 커뮤니케이션을 통해 구체적인 지식을 창조하고자 노력할 때, 회사는 저절로 경쟁력을 갖추게 된다.

소금이 될 것인가
미꾸라지가 될 것인가

> 책임을 지고 일을 하는 사람은 회사, 공장, 기타 어느 사회에 있어서도
> 꼭 두각을 나타낸다. 책임 있는 일을 하도록 하자.
> 일의 대소를 불문하고 책임을 다하면 꼭 성공한다.

회사에 필요한 직원은 자신이 맡은 부분이 모두 끝났더라도 일 전체를 끝까지 책임질 줄 아는 직원이다. 즉 자신의 업무를 모두 끝내고 다른 부서로 그 일을 넘겼다 할지라도 그 일에 문제가 생겼다면 해결을 위해 팔을 걷어붙이고 나설 줄 아는 직원이 회사에 필요하다는 얘기다.

부서 간의 책임소재를 따지면서 빨리 처리해야 할 일을 질질 끄는 것은 바람직하지 않다. 일을 멈춘 상태에서 보고나 상황설명이 제때 이뤄지지 않아 그 일을 아주 그르치는 경우가 종종 있기 때문이다. 따라서 부서 간에 긴밀한 협조체제는 회사의 발전에 무엇보다 중요하다.

어떤 일이 성공했을 때는 서로 자신의 부서에서 그 일을 했다고 나서면서 실패의 책임을 물을 때는 다른 부서에 그것을 떠넘기기에 급급하다면 기업은 발전할 수 없다. 일의 공과를 따지기에 앞서 그 일을 끝까지 마무리할 줄 아는 사람이 바로 회사에 필요한 직원이다.

소금에는 짠맛이 있어야 한다. 짠맛이 없는 소금은 길에 버려질 수밖에 없다. 길에 버려진 소금은 길가의 돌멩이나 흙보다도 더 특색 없고 가치 없는 존재일 뿐이다.

회사 내 조직도 마찬가지다. 각 부서가 제각기 고유의 맛을 제대로 내야 한다. 다시 말해 각각의 부서는 확실하고 독특한, 그리고 고유한 기능을 갖고 발전해가야 한다는 얘기다. 왜냐하면 각 부서들이 그들 고유의 기능을 상실한다면 업무 분담에 있어서 굉장한 혼란이 야기될 수 있기 때문이다.

각 부서가 자신들만의 고유 색채를 유지하면 부서 간의 견제 역할도 가능해진다. 예를 들어 영업부와 영업관리부가 그들 부서의 영역을 갖고, 주어진 원칙대로 서로 견제하면서 업무를 추진한다면 일은 저절로 성사될 것이다.

공장의 생산부와 품질관리부가 서로 간의 견제 역할을 충실히 해야만 불량품 생산이 줄어들게 된다. 두 부서가 자신들의 고유 영역을 망각하고 서로의 잘못을 덮어주기만 한다면 불량품은 계속해서 증가하게 될 것이다. 자기 부서의 업무 원칙에 충실한 행동이 타 부서와의 충돌을 가져온다 해도 그 충돌은 바람직하다.

개인이든 부서든 자기 고유의 색깔을 잃어버리게 되면 조직에서는 불필요한 존재가 되고 만다. 자신만의 고유색을 지킬 때 조직에 공헌할 수 있는 것이다.

경제이론 중에 "악화가 양화를 구축한다."는 얘기가 있다. 이는 직원 중 한 사람이 지각을 하거나 한 사람의 실적이 나쁠 경우, 그것이 전체에 보이지 않는 나쁜 영향을 주는 것과 일맥상통한다. 한 마리의 미꾸라지가 도랑물을 더럽히는 것처럼 조직의 근본적인 기강을 파헤치고 와해시키는 미꾸라지는 회사 발전에 치명적인 위협이 아닐 수 없다. 바람직한 직원이라면 자신이 회사 전체의 물을 흐리는 미꾸라지와 같은 존재가 아닌지 항상 돌아보고 작은 것부터 성실하게 임해야 할 것이다.

포도나무와 애사심

자기의 몸과 집을 자신이 다스리지 않으면 대신 다스려 줄 사람이 없듯이
자기의 국가와 민족을 자신이 구하지 않으면
구해 줄 사람이 없다는 것을 아는 것이 바로 책임감이요, 주인관념이다.

얼마 전 신입사원 모집 시기에 우리 회사에 대한 평도 보고, 젊은 사람들의 반응도 볼 겸해서 인터넷 카페에 들어갔다. 여기저기 클릭을 하다가 흥미로운 글을 발견했다.

한 신입사원 지망생의 "유나이티드제약은 어떤 회사며 시험 출제는 어떻게 하냐?"는 물음이었다.

그 답변으로 청개구리라는 필명을 가진 사람이 "유나이티드제약은 무늬만 외국 회사다. 월급은 적게 주고 일만 힘들게 시키는 나쁜 회사니 절대 입사하지 말라."는 댓글을 달았다.

신입사원 지망생은 "그렇게 너무 주관적인 이야기는 하지 말라. 나

는 이 회사에 꼭 들어가고 싶으니 객관적인 사항만 이야기해달라."고 더욱 진지하게 물었다.

그러자 또 다른 필명을 가진 사람이 "유나이티드제약은 한국인이 주인인 다국적 제약회사로, 세계적인 마케팅 조직을 갖추고 있고 비전이 큰 회사다."라고 답변을 올려놓았다.

하나의 회사에 대한 평이 여러 가지로 갈리는 것을 보니 참 재미있다는 생각이 들었다.

언젠가 명절선물로 직원들에게 회사에서 나오는 감기약, 영양제 등을 주었다. 나는 모두 고맙게 여길 것이라고 생각했지만, 인터넷 카페에 잘 안 팔리는 약이나 선물하는 나쁜 회사라는 글이 올라와 깜짝 놀랐다.

문득 십여 년 전인가, 구두를 선물했던 일도 떠오른다.

우리 공장 옆에 있는 구두 공장에서 약간의 흠집이 있는 구두들을 직원가로 싸게 판 적이 있었다. 나는 몇 켤레 사서 잘 신고 다니다가 우리 직원들이 생각나서 전 직원들에게 한 켤레씩 선물했다. 흠집이 있기는 하지만 신고 다녀보니 전혀 하자가 없고 편해서 모두 좋아할 것이라고 생각했기 때문이었다. 그러나 기대와는 달리 이왕 주려면 상품권으로 주지 좀스럽게 흠집이 난 구두나 준다고 불평을 들었다.

옛날 부잣집에서는 수챗구멍에 밥알 몇 알만 떨어져도 주인이 호통을 쳤다. 물론 세상은 모두 변하기 마련이고 내 나이 또래는 구세대 취급을 받고 있다는 것을 안다. 하지만 정말 취직하기 어려웠던 시기에 힘들게 영업사원으로 시작한 나로서는 자기가 속한 직장을 나쁘게 이야기하는 것을 이해하기 힘들다. 자기 회사가 조금 부족해도 자랑하고 또 자랑했던 젊은 시절이 생각나기 때문이다.

얼마 전 충남 연기군에 있는 공장에 가서 15년 전에 입사했던 여직원들의 얼굴을 보았다. 처음 직장생활을 시작할 때보다 여유롭고 안정된 모습을 보니 기분이 좋아졌다. 박봉으로도 아이들 키우면서 성실하게 일하는 모습이 너무 아름다웠다.

더욱이 지난 연말에 불우이웃을 돕는 모금액이 연기군 전체 기업 중에서 제일 많았다는 이야기를 들었을 때는 기업하는 보람이 절로 생겼다. 적은 봉급에도 불구하고 베풀 줄 아는 그들의 마음씀씀이가 대견했다.

이런 사람들 때문에 어려운 와중에서도 기업을 하고, 또 이런 사람들을 보며 나 스스로 열심히 일할 수 있는 에너지를 얻는다는 생각을 했다.

회사가 포도나무라면 우리 회사의 직원 모두는 포도나무의 가지와 같다. 직원들이 나무를 사랑하지 않으면 좋은 포도열매를 맺지 못하고, 열매가 없으면 우리에게 돌아올 것도 적어진다는 것을 깨달아야 하지 않을까. 아무도 포도나무를 사랑하지 않으면 나무는 죽게 되고, 나무가 죽으면 여러 직원들은 일자리와 소득을 잃게 된다.

"나에겐 남이 가진 것이 없지만 남이 못 가진 것이 있다."라고 말하며 자신보다 더 어려운 사람들을 돕는 어느 장애우의 감명 깊은 말도 한번쯤 되새겨 보자.

마음가짐이 능력을 뛰어넘는다

> 충(忠)의 쓰임새는 크구나. 충은 애(愛)와 경(敬)을 알맹이로 하는 인간의 성실이다.
> 집안과 나라를 다스리는 일, 나아가 멀리 만 나라와의 협동, 천하태평,
> 그 외에 모든 선한 일에도 쓰이고 그 활용은 극히 넓고 크다.

능력이 뛰어나고 주인의식이 부족한 사원과 능력은 그리 우수하지 않으나 주인의식이 투철한 사원이 있다면, 경영자의 입장에서는 누구를 더 좋아할까?

먼저 능력은 뛰어나지만 주인의식이 없는 사원은 일회성일 뿐이다. 일단 그 능력을 활용한 후에는 그 사원이 쓸모없어지기 때문이다. 반면 능력은 다소 뒤떨어지지만 주인의식을 갖고 열심히 근무하는 사원을 오래도록 함께 할 생각으로 아끼면, 그 사원은 능력을 키우기 위해 더욱 노력하게 된다.

사회생활을 하는데 있어서 주인의식은 무엇보다 중요하다. 주인의식

이란, 유교 사상으로 본다면 '충(忠)' 이라는 개념으로 풀이할 수 있다.

'충' 이란 상사나 집단, 또는 신념을 위해 자기를 바치고 지조를 굽히지 않는 일을 말한다. 원래는 중세 봉건사회에서의 신하가 군주제후에 대하여 갖는 충성과 의무를 뜻하는 것이었다. 그러나 현대에 이르러서는 그 대상이 시민사회, 국가, 계급, 사회집단 등으로 세분화됨과 동시에 그 개념이 많이 약화되었다.

하지만 한국에서 '충' 사상은 독특한 마인드로 남아있다. 외국의 사고방식으로는 도저히 납득하기 어려운 '충' 사상은 사회 전반에 뿌리 깊게 자리 잡고 있다. 사람들의 마음속 깊이 자리 잡아 정치, 문화, 사회, 경제 등에 중요한 영향을 미치고 있다. 특히 '충' 사상은 우리나라 기업 발전에 긍정적으로 작용해왔다.

그런데 이렇게 '충' 으로 얘기되는 주인의식은 진정성이 전제되어야 한다. 마음은 그렇지 않은데 겉으로만 그런 척하는 것으로는 용납되지 않는다. 겉으로만 주인의식이 있는 척 꾸미는 것은 언젠가 탄로가 나게 마련이다.

진심으로 회사를 자신의 것으로 생각하고, 작은 물건 하나라도 내 물건처럼 아끼며, 작은 이익이라도 그것을 위해 최선을 다하는 행동이야말로 진정한 주인의식에서 비롯되는 것이다. 이러한 주인의식을 가진 사람은 어디서나 무한한 발전 가능성을 갖고 있다고 할 수 있다.

이와 반대로 주인의식 없이 이삼십년 동안 사회생활을 한 사람에게는 더 이상의 발전을 기대할 수 없다. 왜냐하면 개인주의적인 생활은 사회성을 결여시키며 주인의식을 상실시키기 때문이다. 개인주의는 결국 사람을 사회에서 도태시키고 만다.

주인의식은 사회생활의 필수 요소일 뿐 아니라 가치판단의 척도가 되는 것으로, 매우 중요하다. 특히 남과 더불어 살아가는 기업에서는 주인의식이 더욱 중요하다. 여기서의 주인의식은 자신을 주인으로 하는 것이 아니라 회사 조직을 주인으로 여기는 것이다. 이것은 회사에 이익이 되는 일에 한 마음으로 뭉칠 수 있도록 하는 구심점의 역할을 한다.

주인의식은 회사 발전에 있어서 더없이 유익하다. 그러므로 경영자 입장에서는 주인의식을 가지고 일하는 사원을 더 우대할 수밖에 없다.

이것은 비단 기업에만 국한되지 않는다. 사회 전반에 걸쳐 주인의식이 필요하다. 지금은 윗사람에서부터 아랫사람에 이르기까지 철저한 '주인의식'으로 무장해야 할 때다.

실질적으로 책임감을 가지고 일하는 직원들의 숫자가 몇 명이나 되는지 생각을 해보면 경영하는 사람 입장에서는 조급한 마음도 있다.

구조조정이란 놀고먹는 사람을 없애는 것이다. 열심히 일하는 사람은 독려하고 놀고먹는 사람은 잘라내는 것이 구조조정이다. 다시 말해 구조조정은 물이 잘 흐르도록 해주는 것이다. 어느 회사든지 조직이 커지기 시작하면 놀고먹는 사람이 꼭 나오기 시작한다. 이들을 솎아내어 회사가 잘 성장할 수 있도록 하는 것이 구조조정의 긍정적인 측면이라고 볼 수 있는 것이다.

그렇다면 회사에서는 어떤 사람을 높이 평가하고 중요하게 생각하는가. 자신이 주인이라고 생각하고 회사를 아끼는 사람이다. 그런 사람은 눈에 띄게 된다. 똑같은 일을 하더라도 그런 사람들이 도드라지기 마련이다. 이런 사람이 바로 조직에서 가장 필요한 사람이며, 주인 의식이 바로 성공의 비결이다.

주인의식을 가진 사람이 많은 회사는 잘 된다. 심지어 주인의식이 있는 사람이 회사를 살릴 수도 있다. 신입사원 때부터 주인의식을 가 지고 일하는 사람은 회사에서 인정받고, 나중에는 성공해서 사장이 되거나 고위직을 맡게 된다. 신입사원 때부터 그런 눈과 마인드를 가 지고 일하는 사람이 되어야 한다.

남 같이 일하는 사람은 언젠가는 회사가 그를 남 같이 대하게 된다. 겉으로는 주인인 척하고 속으로는 자기 이익을 챙기는 사람이 있다. 주인의식이 없는 이런 사람은 능력이 있어도 언젠가는 태도로 드러나 기 마련이다.

일생을 살아가는 동안 직장은 여러번 바뀐다. 제약회사에 있다가 보험회사에 갈 수도 있고, 보험회사에 있다가 화장품회사에 갈 수도 있다. 우리의 인생도 마찬가지다. 그래서 인생에서 제일 중요한 것은 어디를 가든 일이 중심이 되어야 하고 주인의식을 가져야 한다는 것 이다.

직장은 또 하나의 시작이다. 비록 학교 때는 뒤쳐졌더라도 사회생활 을 새로 시작하는 사람에게는 누구나 성공할 수 있는 가능성이 활짝 열려있다. 그 가능성을 크게 만드는 힘이 바로 주인의식인 것이다.

이것은 비단 기업 경영에만 국한되는 것은 아니다. 사회 전반에 걸 쳐 주인의식이 필요하다. 지금의 우리는 철저한 주인의식으로 무장해 야 한다. 사회 속의 주인의식이란 개인이 사용하는 아주 작은 물품에 서부터 대기와 물 등 우리를 둘러싸고 있는 거대한 환경까지 어느 것

하나 소홀히 하지 않는 마음이다. 우리 모두가 이 사회의 주인이라는 생각으로 종이 한 장도 아끼고 자연을 생각하는 마음으로 쓰레기도 줄여야 한다. 이기주의를 버리고 공공의식을 가질 때 기업이 잘될 뿐 아니라 우리 모두가 잘 살게 될 것이다.

일이 있어야 휴식이 달콤하다

청년에게 권하고 싶은 것은 다음 세 마디뿐이다.
청년이여 일하라, 더욱더 일하라. 끝까지 열심히 일하라!

요즘 젊은 세대를 보면 아쉬운 것이 하나 있다. 그것은 일에 미쳐있는 열정이다. 피가 끓는 젊은이라면 자신이 사랑하는 일에 한번 미쳐봐야 한다. 젊었을 때 자신의 정열을 모두 일에 쏟는 것도 일생에서 한번쯤 투자할만한 가치가 있는 일이다.

이는 내가 젊은 시절 땀 흘리고 몸으로 직접 부딪치면서 깨달은 결과이다. 젊은 시절을 일에 바쳤던 나의 정열이야말로 지금의 나를 이끈 중요한 요인이라고 자신 있게 말할 수 있다.

그러나 요즘은 토요 휴무제다, 근로시간 단축이다 해서 일보다는 여가에 더욱 많은 시간을 할애하고 있다. 그래서 많은 젊은이들은 아무리 돈을 많이 벌 수 있고 또는 보람 있는 일이라고 해도 여가 시간이 제대로 확보되지 않는다면 그 직업을 회피하는 경향을 보인다.

그렇지만 나는 자신이 하는 일에 모든 열정을 쏟아야 한다고 생각한다. 그렇게 할 수 없다면 그 분야를 떠나라고 충고하고 싶다. 치열한 삶의 투쟁 속에서 열정적인 실천이 있을 때만이 성공의 희열과 인생의 보람을 맛볼 수 있다.

그렇다고 무조건 땀 흘려 일만 하라는 말은 아니다. 아리스토텔레스도 "품삯을 받고 일하는 것은 천하다. 자유민에게 어울리지 않는다. 수공업자의 일도 천하기는 마찬가지고 장사치도 그렇다. 여가만이 인간을 자유롭게 한다."고 말했다.

일은 인생에 있어서 더없이 소중하지만, 언제나 일에서 벗어나고 싶어 하는 것이 인간의 기본적인 속성이다. 인간은 대부분, 일을 하고 있는 그 순간에도 일로부터 벗어나고 싶어 하는 이중성을 가지고 있다. 그래서 마치 일 때문에 여가를 즐길 수 없는 듯이 여겨지기도 한다.

그러나 굳이 일하는 시간을 줄이지 않더라도 여가를 충분히 즐길 수 있다. 보통 성인들은 하루 3분의 1은 일하고, 3분의 1은 수면과 휴식에 사용한다. 그리고 나머지 시간 중 절반은 출퇴근, 식사, 몸치장 등 일을 하기 위한 유지활동에 사용된다. 우리에게 자유롭게 허락되는 건 그 나머지다.

우리는 이렇게 주어진 귀한 시간을 빈둥거리며 수다를 떨거나 술을 마시는 등 산만하게 흘려보내는 경우가 흔하다. 일 때문에 여가를 즐길 수 없는 것이 아니라 주어진 시간조차 제대로 활용하지 못하고 있는 것이다. 이 시간을 여가 활동에 적극적으로 활용한다면 같은 시간을 투자해서 배 이상의 즐거움을 얻게 될 것이다. 자신의 취미를 추구하는 능동적인 여가 활동은 인간에게 훨씬 더 많은 몰입의 즐거움을 경험하게 만들어준다.

이처럼 여가는 일만큼이나 인간에게 필수적이지만 그것은 벗어나기 힘든 함정이 되기도 한다. 문제는 시간을 하릴없이 소모하는 수동적 태도로 여가를 보낼 때 생겨난다. 이런 태도가 습관이 되면 삶은 무너질 수밖에 없다.

여기서 우리는 여가의 목적이 여가 그 자체에 있지 않음을 기억해야 한다. 여가의 목적은 재충전, 즉 생존활동에 적극적으로 참여할 수 있는 에너지를 얻기 위함이다. 따라서 여가시간을 적극적으로 활용하면 굳이 여가시간 확보를 위해 소중한 일의 시간을 줄일 필요가 없게 된다.

또 하나 우리가 기억해야 할 것은 일에 자신의 정열을 모두 바치게 된다면 일도 여가만큼이나 우리에게 기쁨과 즐거움을 줄 수 있다는 사실이다.

자신의 일에 즐거움을 찾는 영업사원들은 항상 새로운 고객을 찾아 나서고 단골고객을 정성껏 관리한다. 또 어떤 상황에서도 기회를 놓치지 않는다. 눈앞의 실적에 집착하지 않고, 그들은 일 그 자체에서 즐거움과 보람을 찾는다.

하지만 또 다른 유형의 사원들은 일할 생각은 하지 않고, 여가 시간만 기다린다. 고객 상담에도 열의를 보이지 않고 상담할 고객도 많지 않다. 그저 할당량 채우기에 급급하다. 그래서 계약을 성사시키기 위해 가격을 낮추는 편법을 쓰기도 하는 등 항상 지름길의 유혹에 시달린다. 그들은 상품이나 기업의 가치를 파는 것이 아니라 그저 가격만 판매할 뿐이다.

결국 전자는 일에서 즐거움과 함께 성공도 얻게 되지만 후자는 고통과 함께 실패의 쓴잔을 맛볼 수밖에 없다. 자신의 모든 것을 내놓을 만큼 가치 있는 일에 정열을 쏟으며 즐겁게 일하는 자는 반드시 성공한다. 이들은 여가시간까지도 능동적이고 적극적으로 활용하는 지혜를 함께 갖고 있는, 말 그대로 현자들이다.

나만은 나를 믿어야 한다

합당한 자기신뢰는 자아발전에 없어서는 안 되는 원동력이다.
불안정하고 변화가 빠른 이 시대에 가장 유익하고 견고한 것은
자신의 노력과 자신의 능력에 대한 자신감과 신뢰이다.

수많은 21세기의 영웅들 중에 세상과 자신을 사랑하지 않은 사람은 아무도 없다. 어떤 일을 하든지 자신에 대한 사랑을 잊어서는 안 된다. 다른 사람이 나를 잊을 때도 있고, 내 능력을 믿지 못할 때도 있다. 그러나 나만은 자신의 힘과 능력을 믿어야 한다.

다른 사람이 나에게 무능력하다고 말할 수도 있다. 그러나 나 자신은 그렇게 말해서는 안 된다. 스스로를 보호하고 격려해줄 사람은 이 험한 세상에서 바로 나 자신뿐이다. 내 삶을 책임지고 있는 것은 다른 사람이 아닌 나 자신이다.

그렇기에 나 자신을 사랑하고, 스스로를 신뢰해야 한다. 자기신뢰에는 무엇보다도 철저한 준비가 필요하다.

예를 들어 내가 많은 시간과 노력을 투자하여 수영하는 법을 완벽히 터득했다면 훗날 물에 빠지더라도 나는 나 자신을 믿을 수 있게 된다. 설령 아주 오랫동안 수영을 하지 않았다 할지라도 스스로를 믿는다면 반드시 헤엄쳐 나올 수 있게 된다.

즉 자기 자신을 사랑하는 사람은 부지런히 자기를 계발하는 사람이다. 자기계발은 이미 자신이 가지고 있는 장점을 인식하고, 그것을 계발하기 위해 돈과 열정, 시간과 영혼을 투자하는 것이다. 오직 자신이 가진 장점에 몰두해야 한다. 남이 아무리 좋은 장점을 가졌어도 그것은 내 것이 아니다. 자기의 장점은 스스로 계발해야 한다.

한 통계 자료에 따르면 미국의 백만장자 중에 80% 이상이 자신의 직업이 자신의 적성과 능력에 부합됐기 때문에 성공할 수 있었다고 답변했다. 이는 자기계발을 통해 자신의 장점을 찾아내는 것이 곧 성공을 위한 첫걸음이 될 수 있다는 얘기다. 하지만 여기에 실천이 뒤따르지 않으면 자기계발은 무용지물이나 다름이 없다.

옛날에 위대한 바이올린 연주가가 있었다. 그는 음색이 뛰어난 바이올린을 갖고 있었다. 어느 날 여름휴가 차 잠시 여행을 떠나게 됐는데, 목숨보다 더 귀하게 여기던 바이올린을 부모님 댁에 맡기고 갔다. 떠나기 전 그는 모든 가족들에게 바이올린을 절대 사용하지 말라고 당부했다.

하지만 이것은 그의 최대 실수였다. 바이올린은 목재로 만들어진

악기이기 때문에 사용하지 않으면 좀이 슬고 조금씩 썩어가게 마련이다. 결국 훌륭한 음색을 가진 귀한 바이올린은 아름다운 덮개 속에서 벌레에게 먹혀 악기로써의 가치를 잃고 말았다.

이는 아무리 훌륭하고 귀한 것이라 할지라도 사용하지 않으면 아무런 소용이 없음을 보여주는 좋은 예다. 그러므로 일단 자기계발을 통해 자신의 능력과 적성을 파악했다면 그것을 종합해 실천에 옮겨야 한다.

이를 실천함에 있어서 수반되어야 할 것은 바로 자신의 능력에 대한 믿음과 사랑이다. 즉 자기계발과 자신에 대한 신뢰가 합쳐질 때 자신감이 형성된다. 자신감을 갖게 되면 주변의 사람들은 나를 신뢰하고 나의 성공을 의심하지 않을 것이다. 자신감만 있다면 어떤 어려운 장애물도 능히 극복해나갈 수 있다.

얼마 전 어떤 목사님으로부터 들은 얘기다. 어느 날 택시를 탔는데 운전사가 콧노래를 흥얼거리고 있더란다. 뭐가 그리 좋으냐고 물었더니 그 운전사는 미소를 지으며 당당히 말했다고 한다.

"한때는 초등학교를 겨우 졸업한 사람으로 나 자신이 무가치하다고 느꼈었는데 성경말씀 네 구절을 외우고 나서 다시금 자신감을 얻었습니다. 지금은 대학총장도, 대통령도 부럽지 않습니다."

그 운전사가 외웠다는 성경구절은 "네 믿음대로 될지어다.", "너희가 못할 것이 없느니라.", "누가 나를 대적하리요.", "내가 모든 것을 할 수 있느니라."라는 구절이었다.

자기 자신에 대한 애정과 신뢰를 바탕으로 능력을 계발하고 자신 있게 일에 도전할 때 우리는 성공에 한걸음 다가설 수 있을 것이다.

'망한 게 아니라 잠깐 어려울 뿐'

> 말은 내뱉는 순간 죽는 것이 아니고 내뱉은 순간 살아 움직이기 시작하는 것이다.
> 어떤 형태로든 적용되는 것이 말인 것이다.

나는 일단 어떤 일을 해야겠다는 판단이 서면 바로 그 일에 착수한다. 모두들 불가능하다고 반대를 해도 내가 된다는 생각이 들면 그 즉시로 밀어붙이는 스타일이다.

내 안에는 항상 무슨 일이든지 '하면 된다'는 자신감이 불타고 있다. 하지만 사업을 하다보면 순탄하지 못할 때도 많고 어려움에 직면할 때도 많다. 그때마다 나는 부정적인 패배의식에 젖지 않으려 노력한다. 그것은 곧 완전한 실패와 직결되기 때문이다.

우리를 가장 먼저 패배의식에 젖게 하는 건 바로 말이다. 말을 부정적으로 하게 되면 그 말은 어느새 우리의 생각을 사로잡게 된다. 성경에도 "세 치 혀에 죽고 사는 권세가 달렸다."고 했다. 그만큼 말이 중요하단 얘기다. 커다란 항공모함도 작은 키 하나에 의해 방향이 결정되는 것처럼 인생도 말을 어떻게 하느냐에 달렸다고 해도 과언이 아니다.

그래서 나는 누군가 "사업이 망하게 되어서 안됐다."고 위로의 말이라도 건네면 "망한 게 아니라 잠깐 어려울 뿐"이라고 고쳐 말할 정도로 말을 긍정적으로 하려고 철저하게 노력했다. 그래서 윗사람이 뭔가를 지시했을 때 그것을 해낼 방법을 찾기도 전에 '할 수 없다'고 단정적으로 이야기하는 사람을 좋게 평가하지 않는다. 무작정 '할 수 있다'고 호언장담하는 것도 문제지만 부정적인 시각으로 모든 문제를 바라보는 것도 바람직하지 않다.

또 말에 있어서 우리가 주의해야 할 것은 남을 헐뜯는 험담이라고 생각한다. 우리는 가끔 주변 사람들, 특히 경쟁자들을 험담하고 싶을 때가 있다. 하지만 그것은 절대로 자신에게 이익이 되지 못한다는 사실을 알아야 한다. 오히려 자신의 입지만 약화시킬 뿐이다.

남의 험담을 즐겨하는 사람들은 대부분 객관적인 데이터에 의해 상대방을 판단하기보다는 자신의 주관적인 편견에 의해 사람을 판단하는 경향이 짙다. 그러다보니 있는 그대로를 전하는 것이 아니라 자신의 주관적인 해석을 담아서 이야기를 부풀리기가 쉽다. 그렇게 심심풀이로 한두번 이야기한 것이 어느새 악성루머가 되어 그 사람을 곤경에 빠뜨리기도 한다.

악성루머는 때때로 잘 나가는 기업을 쓰러뜨리기도 하고 아무런 잘

못도 없는 사람을 죄인으로 만들기도 하기 때문에 참으로 위험천만한 일이 아닐 수 없다. 때문에 나는 남의 험담을 즐겨하는 사람과는 가까이 하지 않는다. 그런 사람은 틀림없이 나의 험담을 다른 사람들에게 하고 다닐 것이 분명하기 때문이다.

그럼에도 불구하고 할 수 있다

나는 실패한 적이 없다.
어떤 어려움을 만났을 때 거기서 멈추면 실패가 되지만,
끝까지 밀고 나가 성공을 하면 실패가 아니기 때문이다.

요즘 젊은 사람들과 일을 같이 하다보면 정말 많은 것을 배운다. 그들은 우리가 젊었을 때와 비교하면 훨씬 더 똑똑하다. 자기의 의사를 분명하게 표현할 뿐만 아니라 전문적인 지식에 있어서도 놀라운 실력들을 갖추고 있다. 젊은 사람들 대부분이 디지털 세대답게 컴퓨터는 기본이고, 외국어도 영어를 비롯해 제2 외국어까지 능통하여 능력면에서는 우리 아날로그 세대를 월등하게 뛰어넘는다.

그렇다고 디지털 세대가 모든 면에서 완벽한 건 아니다. 부족한 부분도 있다. 그것은 인내력이다. 3분이면 완성되는 인스턴트 음식에

길들여진 젊은이들은 조금이라도 시간이 지체되는 것을 견디지 못한다. 인터넷도 초고속 광통신으로 모든 것이 실시간으로 이루어진다. 당연히 끈기나 인내심과는 거리가 멀 수밖에 없다.

또 이들에게 부족한 건 책임감이다. 개인주의가 극도로 팽배한 세대를 살고 있는 그들이 회사보다 개인을 우선시하는 건 어쩌면 당연한 일인지도 모른다. 그러나 개인 중심적인 그들의 성향은 회사를 운영하는 경영자 입장에서는 결코 환영할 만한 일이 아니다.

많은 젊은이들이 어려움을 당하게 되면 참고 견디며 그 역경을 극복하려고 하기보다는 쉽게 좌절하고 절망한다. 또 일이 잘못되면 그것을 자신이 책임지고 수습하려 하기보다는 남의 탓을 하거나 변명하는 모습을 자주 볼 수 있다.

'그럼에도 불구하고 해보겠다'는 긍정적인 말보다는 '무엇 무엇 때문에 할 수 없다'는 말을 더 쉽게 하는 것이 그들의 아쉬운 점이다.

그러나 이 때문에 아직은 아날로그 세대들이 회사에서 할 일이 있는 것이다. "구슬이 서 말이라도 꿰어야 보배다."라는 속담처럼 디지털 세대가 제 아무리 많아도 그것이 조직이라는 실에 꿰어져야만 비로소 제 몫을 할 수 있다. 즉 능력 있는 젊은 보배들을 꿰어서 그들의 능력을 회사를 위해 제대로 발휘할 수 있도록 하는 것이 바로 아날로그 세대들의 역할이다.

그래서 나는 오래된 직원들을 좋아한다. 간장도 묵은 간장이 더 맛이 좋은 이치와 같다고 할까.

대학을 졸업한 후 ROTC 장교로 임관되어 복무할 때의 일이다. 전방 철책선 소대장으로 40여명의 소대원을 이끌고 있었다. 우리는 매일 북한군의 선전방송을 들으며 혹독한 훈련을 받았다. 하루에도 몇 번씩 죽음을 생각할 만큼 참으로 힘들고 어려웠던 시절이었다. 하지만 그토록 혹독한 훈련을 견뎌냈기 때문에 제대 후 직장 잡기가 하늘의 별 따기만큼 어려웠던 시절에도 살아남을 수 있었다. 또 영업사원을 좋지 않은 시선으로 보았던 그 당시 풍토 속에서도 잘 버틸 수 있었다.

내가 10년 동안 영업사원으로 일하면서 언제나 목표를 달성할 수 있었던 것은 능력이 뛰어났기 때문이 아니다. 나는 어떤 어려운 환경과 고난이 다가와도 여건이 좋지 않아 할 수 없다고 포기했던 적이 한 번도 없었다. 어렵고 힘든 환경이지만 그럼에도 불구하고 "나는 할 수 있다."고 나 자신을 북돋우며 몸으로 직접 부딪쳤다.

이와 같은 나의 신념, 즉 어떤 나쁜 상황에도 '할 수 있다' 는 신념은 '가까운 미래에 꼭 제약회사를 스스로 운영하겠다' 는 전혀 불가능해 보였던 나의 목표를 가능케 했다.

사업은 감히 엄두도 낼 수 없는 적은 돈이었지만 의약품수입상으로 사업을 시작했다. 자본금도 제대로 마련되어 있지 않은 상황에서 막대한 시설비가 들어가는 제약업에 뛰어든 것이다. 또 IMF, 그 위험한 시절에 중앙 연구소를 설립해 지금은 제법 훌륭한 연구소로 발전시켰다. 더욱이 의약품 수출을 절대 생각할 수 없었던 상황에서도 세계로 눈을 돌려 현재는 30여개 나라에 1,000만 달러 이상을 수출하고 있다. 미국에 공장을 세우는 것이 불가능하다는 주위의 우려에도 불구하고 공장 건설을 실천에 옮겼다.

"무엇 때문에 할 수 없다."라고 말하는 대신 어떠한 어려움에도 불구하고 그것을 실천에 옮겼다. 이는 바로 '긍정적인 사고'에서 출발한 것이다.

나는 어려운 환경에도 불구하고 자신이 목표했던 일은 끝까지 이루어냈던 많은 사람들을 알고 있다. 많은 재벌그룹의 회장, 대통령 등 모두가 젊었을 때의 가난과 고통에도 불구하고 목표를 이룬 사람들이다. 아니 오히려 그런 어려움이 있었기에 자신의 목표를 이루었을 것이다. 고통과 어려움은 성공을 위한 자양분이다.

1%의 가능성만 있어도 도전하라

절벽에서 떨어지고 있는 상황일지라도
아무 것도 할 수 없는 것은 결코 아니다.
떨어지고 있으니까 하늘을 향해 날 수 있지 않은가?

우리 사회는 한동안 벤처 열풍으로 뜨거웠다. 한창 때에는 좋은 아이템만 있으면 금방이라도 일확천금을 벌수 있을 것 같았고 실제로 그런 예가 있기도 했다. 수많은 젊은이들이 벤처로 성공하기를 꿈꿨고, 사실 얼마 전까지만 해도 그 꿈은 곧 이루어질 것 같았다. 그러나 그 열기가 식고, 들뜬 분위기가 가라앉자 사막의 신기루처럼 그 허와 실이 드러나기 시작했다.

젊은 시절에는 누구나 미지를 향한 들끓는 욕망을 가슴속에 품게 마련이다. 그러나 대부분은 주변 여건을 핑계로 활화산처럼 들끓는 의욕을 분출하지 못한 채 마음속 깊이 좌절이라는 이름을 남겨놓곤

한다. 그 좌절감은 자포자기하는 마음을 만들어 무모하게 보이는 도전으로 실패를 맛보느니 차라리 포기하는 편이 낫다는 생각을 하게 한다.

사실 돌이켜보면 시대는 달랐지만 나 또한 무모하기 그지없는 벤처의 길을 걸어왔다고 할 수 있다. 한국인이 주인인 다국적 제약회사를 만들겠다는 꿈과 비전만을 가지고 맨주먹으로 일어났다. 생소한 국제사회에 맨몸으로 부딪쳤고 어떤 것도 두려워하지 않는 도전정신으로 수많은 난관을 이겨냈다. 이 모든 것이 도전과 모험, 그리고 용기를 필요로 하는 벤처 그 자체였다.

다 포기하고 편하게 안주하고 싶다는 생각이 하루에도 몇 번씩 들만큼 힘들고 고된 길이었다. 하지만 내가 꿈꿔왔고, 또 스스로 선택한 길이기에 그 도전에서 맛볼 수 있었던 희열과 감격은 무엇과도 바꿀수 없을 만큼 대단한 것이었다. 그 감격으로 인해 나는 지금까지 그 험한 길에서 한번도 궤도를 이탈해본 적이 없다.

솔직히 우리 때에 비하면 요즘 젊은이들에게는 도전할 수 있는 기회가 훨씬 많다. 예전에는 나이가 어리다는 것은 세상을 바꿀 만한 지위나 영향력이 없다는 얘기와 같았다. 하지만 오늘날은 상황이 많이 다르다. 오죽하면 '세대비약'이라는 말이 나왔겠는가.

'세대비약'이란 사회의 주축세력이 50대에서 20대로 바뀐다는 것을 의미한다. 지금까지 이 세대를 이끌 책무가 중견세대, 즉 50대에게 있었는데 그것이 20대에게로 넘겨질 것이란 얘기다. 갑작스럽게 주도권을 뺏기게 될 30, 40대에게는 받아들이고 싶지 않은 현실이겠지만 시대 흐름이나 대세를 거스를 수도 없는 일이다.

이렇게 시대가 변하게 된 데는 뭐니 뭐니 해도 전 세계를 하나로 엮는 인터넷의 역할이 컸다고 하겠다. 인터넷은 세계를 향해 열린 창이다. 20대는 그 창을 통해 마음껏 자신들의 생각을 세계로 펼칠 수 있다. 나아가 세계의 여론까지도 주도할 수 있다. 이러한 바탕 위에 새로운 형태의 기업과 조직을 만들어 이끌어가게 된다면 20대는 세계를 변화시킬 만큼 큰 파워를 갖게 되는 것이다.

그러면 20대에게 주도권을 뺏겼다고 해서 그 윗세대는 손놓고 있을 것인가. 여기서 말하는 20대란 물리적인 나이만을 지칭하는 것은 아니다. 정신적 연령도 포함한다. 30, 40대라도 혁신적이고 창의적인 청년정신을 갖는다면 20대 못지않은 왕성한 활동력을 보일 수 있을 것이다. 관건은 바로 1%의 가능성만 있더라도 도전해 보겠다는 열정과 정신력이다.

남에게는 관대하게,
나에게는 엄격하게

> 남을 꾸짖을 때는 허물이 있는 가운데서도
> 허물이 없음을 찾아내면 감정이 평온해지리라.
> 자기를 꾸짖을 때는 허물이 없는 속에서도 허물 있음을 찾아내면 덕이 자라나리라.

성공을 향해 멈추지 않고 발전할 수 있는 한 가지 방법은 자기 자신에게만 맞춰진 초점을 다른 사람들에게로 돌리는 것이다. 오로지 자기 자신과 자신의 성공에만 사로잡혀 있는 사람은 객관적인 판단력을 갖기 어렵다.

그동안 직접 영업을 하면서, 또 영업사원들을 관리하면서 실적이 저조한 영업사원의 공통점을 하나 발견했다. 그것은 그들이 오직 자신의 목표만을 염두에 둔다는 사실이다. 그들은 물건을 파는 것 외에는 관심이 없다. 자신의 할당량 채우기에 급급할 뿐 누가, 왜 상품을 구입하는지에 관해서는 알려고도 하지 않는다. 이런 종류의 사람들은 처음 한동안은 할당량도 채우고, 실적을 그런대로 유지하는 것처럼 보인다. 하지만 끝까지 유지하는 데에는 항상 실패한다.

반면에 성공하는 영업사원들은 고객의 욕구에 초점을 맞춘다. 그들은 상대방의 욕구와 필요를 충족시킬 방법을 찾기 위해 고심한다. 이런 노력들이 고객과 영업사원 간의 인간적 유대관계를 형성하는 데 밑바탕이 되는 것이다. 때문에 처음에는 실적이 그리 좋지 않지만 장기적으로는 성공을 이뤄낼 수 있게 된다.

자기에게 초점을 맞추는 영업태도로는 나에게는 관대하고, 남에게 엄격하기 쉽다. 그래서 "내가 하면 로맨스고, 남이 하면 스캔들이다." 라는 우스개 소리도 있지 않은가. 이는 그만큼 인간이 자기중심적이란 얘기다.

자신이 실수했을 때는 슬그머니 넘어가고 아랫사람이 잘못했을 때는 끝까지 책임을 추궁한다면 누가 그런 상사를 믿고 최선을 다해 일하겠는가. 인간관계를 유지함에 있어서 중요한 원칙은 바로 남에게는 관대하고, 자신에게는 엄격해야 한다는 것이다. 그래야 발전이 있다.

사실 나 역시도 글을 쓰면서 실패담보다는 성공담에 치중을 하다보니 지나치게 내 자랑만 늘어놓은 것이 아닌가 하는 우려가 남는다. 행여나 남에게는 엄격하고 나 자신에게는 관대한 우를 범한 것은 아닌지 낯이 뜨거워진다.

나 자신이 완벽하게 점잖은 사람으로 묘사됐다면 그것은 잘못이다. 나도 인간이기 때문에 젊은 시절 실수도 많이 했다. 치마만 둘러도 여자가 예뻐 보였던 시절도 있었고, 접대한다고 술을 과하게 마신 적도 있었다.

하지만 나는 실수한 그 자리에 머물러있지 않았다. 그것들을 딛고 일어나 조금씩 목표를 향해 전진해왔다. 아무쪼록 내가 실수를 딛고, 역경을 헤쳐나오면서 느꼈던 것들이 새로 인생을 시작하는 사람들에게 도움이 됐으면 하는 바람이다.

옳은 고집을 세우고 밀어붙여라

세상에서 성공을 거두기 위해서는
타인들에게서 사랑받는 덕과 타인들이 두려워할만한 뚜렷한 소신이 필요하다.

6 · 25 전쟁이 끝난 후 우리는 모두 가난하고 어려운 시절을 보내야 했다. 지나가는 미군 트럭 뒤를 따라가며 껌과 초콜릿을 구걸하기도 했고, 오랜 굶주림 끝에 겨우 꽁보리 주먹밥을 얻어먹기도 했다. 그때의 경험은 배고픔의 고통이 얼마나 견디기 어려운지, 가난이 사람을 얼마나 비참하게 만드는지 너무나 잘 알게 했다.

초등학교 시절 나는 대장을 뽑아서 편싸움하기를 좋아하는, 동네에서 알아주는 말썽꾸러기에 개구쟁이였다. 하도 말썽을 많이 일으켜서 호랑이 선생님께 한 시간 가까이 계속해서 매를 맞던 적도 있었다.

그때 어찌나 고집이 세었던지, 잘못했다고 빌지 않고 끝내 고집을 피워서 더 많이 맞기도 했다.

중동 고등학교를 다닐 때는 싸움 잘하는 친구들 틈에 끼어서 괜히 어깨에 힘주며 종로 거리를 활보하기도 했다.

군대에서 화천 지역 5분 대기조 소대장이었던 당시, 간첩 김신조 침투사건이 일어나 위험한 순간을 넘긴 적도 있다. 또 북한군과 마주 보고 있는 철책선의 소대장을 하면서 매일 생과 사를 넘나드는 경험을 하기도 했다.

이러한 경험들이 지금의 단단한 나를 만들었다.

옛날 속담에 "경험이 지혜를 가르친다."라는 말이 있고, 프랑스 속담에는 "나귀가 같은 돌에 걸려 두 번 넘어지지 않는다."는 말도 있다. 이는 그만큼 경험이 인생에 있어서 중요하다는 얘기다. 다시 말해 아무리 많은 사람이 꿀의 달콤함을 장황하게, 그리고 자세히 설명한다고 해도 그것을 먹어보지 못한 사람은 결코 그 참맛을 알 수가 없다는 의미다.

결국 경험만큼 우리에게 훌륭한 스승은 없다. 경험은 엄청난 대가를 요구하지만 그것이 가져다주는 교육의 효과는 그 어떤 것보다 값지고 유익하다. 영국 속담에 "잔잔한 바다는 결코 노련한 선장을 만들지 못한다."라는 말이 있다. 즉 거친 파도와 같은 삶의 역경을 경험해봐야만 성숙할 수 있다는 얘기다. 역경은 진리로 가는 지름길이 아닌가.

어린 시절부터 지금까지 겪은 많은 역경과 고난의 경험들은 내 성격을 고집불통으로 만들었다. 그래서 나는 웬만한 일에는 타협을 모른다. 무슨 일이든 불도저와 같은 추진력으로 밀어붙이고 본다. 이런 성격 탓에 손해를 보았던 적도 있었지만 그것이 내가 지금의 성공을 이루는 데 큰 힘이 됐다. 때문에 나는 자식들도 그렇게 가르치려고 애쓴다.

우리 큰 아들도 어린 시절 마음고생이 심했다. 요즘 한창 문제가 되고 있는 왕따를 당했던 것이다. 목동에 살다가 강남으로 이사를 가게 되어서 전학을 갔는데 그곳 아이들이 텃세를 부리며 우리 큰 아들을 따돌렸던 모양이다.

그런데도 우리 아들이 말을 고분고분하게 듣지 않으니까 어느 날은 그 학교 '짱'이라는 아이와 한판 붙게 됐다. 그 아이는 싸움으로 짱이 된 아이니 우리 아이가 상대가 될 턱이 없었다. 그 아이가 열대쯤 때릴 때에 우리 아이는 겨우 한대 때릴 정도로 완전한 열세였다. 그런데도 우리 아이는 항복하지 않고 악착같이 덤벼들었다. 지칠 대로 지친 그 아이는 우리 아이한테 질려서 손을 들고 말았던 모양이다. 다음날부터 다시는 우리 아이를 귀찮게 하지 않았다고 한다. 이렇게 우리 아이도 나를 닮아 무모하리만큼 고집이 세다.

아무런 이유 없이 무조건 자신의 주장이 옳다고 고집을 피우는 건 바람직하지 않다. 남의 말은 무조건 틀리고 자기만 옳다고 내세우는 이기적인 고집은 인생을 살아가는 데 절대 도움이 되지 않는다. 하지만 정당하고 올바른 일에 대한 소신 있는 고집은 불도저와 같은 추진력으로 끝내 성공을 이끌어내는 원동력이 될 것이다.

내가 하기 싫은 일은 남도 하기 싫다

> 성공하는 사람은 성공하지 못한 사람들이
> 하기 싫어하는 일을 하는 습관을 가지고 있다.
> 물론 그들도 그런 일을 하고 싶지 않기는 마찬가지,
> 그러나 그들은 목적의식이라는 힘으로 그것을 극복하고
> 하기 싫은 일을 하고 싶은 일로 만든다.

우리는 흔히 내가 하기 싫은 일을 남에게 떠넘기려고 한다. 하지만 이와 반대로 남이 하기 싫어하는 일을 떠맡아 성공한 예가 있다.

내가 아는 한 영업사원이 정말 열심히 일해서 어느 정도 자리를 잡고 이젠 성장가도를 달리는 일만 남았다고 생각하고 있었다. 그런데 갑자기 회사에서 그를 다른 지역으로 발령을 냈다. 그동안 그가 열심히 개척해놓은 거래처를 모두 두고 떠나야 했다.

그는 아는 사람 하나 없는 곳에서 또다시 새롭게 시작해야 하는 암담한 상황에 놓이게 됐다. 모든 것을 포기하고 싶었지만 그는 맘을 다

독이며 새롭게 각오를 다졌다. 하지만 일이 그리 쉽게 풀리지 않았다. 고민을 하던 그는 남이 하기 싫어하는 일을 찾아 하기로 했다. 즉 말썽 많고 속만 썩이는 거래처를 자신이 모두 떠맡기로 했던 것이었다. 다른 사원들에게 골치 아픈 거래처를 자신에게 모두 떠넘기라고 하자 여기저기서 잔뜩 일거리를 갖다 주었다.

그는 그 다음날부터 문제 거래처들을 직접 찾아갔다. 그들의 문제와 불평에 귀를 기울이고 그 해결책을 하나씩 찾아나섰다. 그 결과 그의 실적은 놀랄 만큼 향상됐고, 그는 전국 최고의 영업사원이 됐다.

항상 쉬운 길만 찾는 사람은 알찬 결실을 맺을 수 없다. 다른 사람들이 길이 험하다고 불평하고 있을 때 지체하지 않고 용기 있게 그 길로 뛰어든다면 그는 진정한 성공의 열매를 거둘 수 있을 것이다. 문제로부터 도망간다면 그 문제는 끝내 해결할 수 없다. 오히려 문제와 당당히 맞설 때 거기에 해답이 있는 것이다.

문제는 불가능이 아니다. 다만 우리의 앞길을 잠시 가로 막고 있는 장애물일 뿐이다. 장애물을 뛰어넘거나 치워야 우리는 가던 길을 계속해서 갈 수 있다. 무작정 장애물을 피해 다른 길을 찾는다면 우리는 결코 한 걸음도 전진할 수 없을 것이다.

직면한 문제를 해결하기 위해서는 꾸준히 시도해야 한다. 우리 회사가 기적의 신약을 발명할 때, 처음부터 성공적이었던 것은 아니다. 여러 차례 실패를 거듭하면서 드디어 출구를 발견하게 되는 것이다.

과거의 실패에 집착하게 되면 점점 미로 속을 헤매게 될 뿐이다. 영업사원으로 성공하지 못하는 경우는 대부분 거절당한 기억에 사로잡혀 있거나 아니면 거절당할까봐 두려움에 떨고 있어서다. 만약 내가 거절을 당했다면 그 이유를 돌이켜봐야 한다. 내게는 억울한 일이겠지만 이유 없는 거절은 없으니까 말이다. 이유를 철저히 분석해서 다음에 성공적인 결과를 얻기 위한 교훈으로 삼아야 할 것이다. 그래야 나와의 거래를 거절한 사람이 틀렸음을 증명할 수가 있다.

그렇게 하려면 좌절하기보다는 그 거절을 연료로 활용해 앞으로 나아가야 한다. 즉 부정적인 상황에서 멈추지 말고, 그로부터 에너지를 얻으라는 말이다.

누군가 "거절과 실패는 단지 게임의 일부다. 그것은 누구나 겪는 일이다. 우리는 그것으로 인해 좌절하고 포기할 수도 있고, 더 높은 고지로 상승하는 힘을 이끌어낼 수도 있다."고 했다. 어떠한 상황에서도 앞으로 나아가려는 의지, 그것이 바로 문제의 장애물을 해결할 수 있는 힘이 될 수 있을 것이다.

희생은 반드시 보답을 받는다

> 다른 사람을 위하여 희생을 하는 것이야말로 진정한 사랑이다.
> 이런 사랑에서 우리는 복된 삶과 더불어 세상에 나온 보답을 얻으며
> 세상의 머릿돌이 되는 것이다.

탈무드에 이런 이야기가 있다.

어떤 나라의 공주가 아주 위독해졌다. 그래서 임금은 공주의 병을 낫게 해주는 사람을 사위로 삼겠다고 포고문을 붙였다. 많은 사람이 궁궐로 찾아와 병을 고치기 위해 노력했지만 공주의 병은 더욱 악화되었다.

당시, 아주 먼 곳에 특별한 물건을 가지고 있는 삼형제가 있었다. 첫째는 먼 곳을 볼 수 있는 망원경을, 둘째는 하늘을 날 수 있는 양탄자를, 그리고 막내는 무슨 병이든지 고칠 수 있는 사과를 가지고 있었다.

첫째가 망원경으로 그 포고문을 보고 이 사실을 동생들에게 이야기했다. 그래서 형제들은 둘째의 양탄자를 타고 즉시 궁궐로 갔고 막내의 사과를 공주에게 먹여 병을 완쾌시켰다.

그런데 이 삼형제 중 누구를 사위로 삼아야 하는가. 임금님은 잠시 고민 후 결정을 내렸다. 바로 막내였다. 왜냐하면 첫째는 망원경이 그대로 남아있고, 둘째도 타고 온 양탄자가 그대로 남아있으나 막내의 사과는 공주가 먹어 없어졌기 때문이다.

이처럼 이 이야기에는 자신의 모든 것을 바친 사람은 반드시 보상받아야 된다는 유대인들의 생각이 들어있다.

기업도 마찬가지다. 회사가 어려울 때 회사를 위해 자신을 희생시키는 사람, 강한 추진력과 사랑으로 회사를 키워온 사람들은 회사의 보배다. 어느 회사든지 이런 숨어있는 직원이 있다. 심지어 부도가 난 회사에서 끝까지 남아 회사를 지키는 사람도 있다. 이렇게 끝까지 남아 희생한 동료 직원들을 그 당시는 감격스런 눈으로 보았지만 지금은 까맣게 잊어버리고 있는 건 아닌지 모르겠다. 그리고 자기에게 도움을 준 은인들을 잊고 지내고 있는 것은 아닌지 모르겠다.

감사할 사람을 한번쯤 생각해보자. 자신의 고귀한 것을 버리고 우리를 사랑하여 주신 분들을 생각하자. 그리고 나의 힘이 되고 나를 사랑하고 계시는 분을 나도 사랑하고 있다고 고백해보자.

고난이 큰 사람을 만든다

괴로움이 남기고 간 것을 맛보아라. 고통도 지나면 달콤한 것이다.
고난이 있을 때마다 그것이 참된 인간이 되어 가는 과정임을 기억해야 한다.

요즘 젊은이들은 취업하기 힘들다고 하지만, 기업들은 우수한 인력을 확보하기 위해 전력을 기울이고 있다. 심지어는 해외로 나가 현지인을 채용한 후 국내에서 교육을 시키고, 다시 현지로 내보내는 일도 있다. 글로벌 인재를 양성하고자 하는 기업들이 늘고 있고, 그만큼 우리 젊은이들의 경쟁자가 늘어나고 있다는 이야기다.

특히 중소기업의 경우는 우수한 인력의 확보가 기업 운영에 가장 큰 밑거름인데, 기업의 특성에 맞는 인재를 구하기란 여간 어려운 일이 아니다. 혹 우수한 인재를 채용하더라도 기업의 입장에서는 항상 불안한 마음뿐이다. 언제 젊은 인재들이 회사를 박차고 나갈지 모르기 때문이다. 그래서 중소기업은 인재를 확보하는 것뿐만 아니라 유지하는 것에도 항상 신경을 써야 한다.

우리 회사의 신입사원 교육이 끝나고 발령장을 주는 날에 나는 신입사원과 부모님들을 모시고 그동안 얼마나 열심히 공부했는지, 그리고 무엇을 느꼈는지를 이야기한다. 그리고 부모님께 고마운 마음을 영상편지에 담아 보여드리기도 한다. 부모님들은 그동안 키워놓은 자식들이 사회에 진출한다는 감격에 젖어 연신 눈물을 닦으신다.

내가 20여 년간 기업을 경영하면서 나온 통계를 보면, 신입사원 중에서는 분명 앞으로 3개월 안에 회사를 그만두는 사람, 1년이 지나서, 혹은 3년이 지나서 그만두는 사람이 생긴다. 그래서 나는 그 자리에서 부모님들에게 자녀들을 잘 지도해달라는 당부를 하곤 한다.

1년 안에 회사를 그만두는 경우는 대개 사회생활 적응에 실패한 경우이다. 대학에서 큰 간섭을 받지 않고 자유로운 생활을 하다가, 목에 넥타이를 매고 희생을 하기 시작해야 한다. 사랑하는 부모님이나 아내와 남편 그리고 자녀들을 위해, 춥거나 덥거나 피로하거나 졸리더라도 그들을 떠올리며 참아내는 것이 직장생활이다.

3년이 지나 회사를 그만두는 경우는 직장에 너무 많은 것을 바라는 경우이다. 월급을 더준다거나 직급을 높여준다는 회사가 있으면 솔깃하고, 독립해서 사장이 되고 싶은 욕심도 생긴다. 그러나 경우에 따라서 일생을 두고 후회할 일이 생길 수도 있다.

직장생활을 한다는 것은 봉급 등의 눈에 보이는 유형의 재산과 함께 경험이나 인내심, 적응력, 업무지식 등 무형의 재산을 쌓아나가는 것이다. 그중에 제일은 신용을 쌓아서 남이 믿어주는 사람이 되는 것이다. 이것은 자신이 독립해서 사업을 할 때도 가장 큰 자산이 된다.

요즘 젊은이들은 대기업에 들어가려고 갖은 노력을 다한다지만, 중소기업이야말로 자신의 역량을 충분히 발휘할 수 있는 곳이다. 중소기업은 업무의 분야가 넓어 한 사람이 보통 세 사람의 기능까지 수행하고 있다. 또한 여러 부서가 하나의 공간 안에서 업무를 처리하므로 자기 일만 아는 사람이 아닌, 여러 업무와의 연계를 파악할 수 있는 사람으로 성장할 수 있다.

이처럼 중소기업에서는 자기 일뿐만 아니라 다른 분야의 업무도 접할 기회가 많다. 그렇기 때문에 각 정보들을 취합해 새로운 사업을 구상하기도 쉽고, 다른 분야에 도전할 수 있는 가능성도 무한하다. 언뜻 보면 일이 고되고 힘들 것 같지만 그만큼 얻을 수 있는 것이 많다.

사시사철 좋은 기후에서 자라는 열대 지방의 큰 나무들은 나이테가 없고 나무가 물러서 재목으로 쓸 수 없다. 그러나 한대 지방의 나무는 더위와 추위를 다 견디고 알차게 여물어 큰 재목으로 쓰임을 받는다. 어려움과 실패는 반드시 성공의 어머니가 되는 법이다.

한국의 많은 젊은이들이 튼튼한 인재로 육성되어 기업을 이끌어간다면, 장차 여러 기업의 미래가 밝아질 수 있을 것이다.

올챙이 시절을 잊지 않는
개구리가 되어라

> 과거의 일을 과거의 일로써 처리해버리면,
> 우리는 미래까지도 포기해버리는 것이 된다.

누가 나에게 "당신은 왜 제약업을 선택했
느냐?"고 묻는다면 "제대 후 사회생활 첫 직장이 제약회사였기 때문이
다."라고 대답할 수밖에 없다. 그만큼 나와 제약업과의 인연은 깊다.

나는 30여년 전 제약회사 말단 영업사원으로 직장생활의 첫발을 내
디뎠다. 그후 의약품수입상, 납품도매상 그리고 제조업을 거치며 맞
닥뜨린 여러번의 위기와 어려움을 이겨내면서 지금의 한국유나이티
드제약을 이룩했다.

맨주먹으로 지금에 이르렀기 때문에 나는 어떤 경쟁이나 위기에도
절대 두려워하거나 근심으로 시간을 지체하지 않는다. 어떤 역경에도

나는 일단 목표가 세워지면 오직 그것을 향해 앞으로 달려갈 뿐이다.

이제 제조업을 시작한 지도 벌써 20여년이 됐다. 뒤돌아보면 아찔한 순간도 많았다. 참으로 겁 없이 지냈던 시절이었다.

1969년 외대 무역학과를 졸업했고 ROTC 7기 통역장교로 군생활을 했다. 1971년 제대 후 불경기로 인해 직장 구하기가 쉽지 않았다. 수십 통의 이력서를 여기저기 가리지 않고 넣은 결과, 가까스로 얻은 직장이 바로 스위스 산도스제약의 한국지사 영업사원직이었다.

산도스제약은 스위스에서 제법 큰 기업 중 하나로 꼽히는 다국적 기업이었다. 월급도 그 당시 국내 다른 기업보다 두 배나 많았고, 직원들 교육에 있어서도 다국적 기업답게 대단히 철저했다.

처음 입사한 후 거의 6개월 동안 제품교육을 비롯해서 영업방법을 교육받았다. 모든 면에서 철저한 선진 제약기업의 교육이었기 때문에 그후 사회생활을 하는데 큰 도움이 됐다. 특히 내가 회사를 창업해서 이만큼 성장시킬 수 있었던 것은 그때 받았던 교육이 원동력이 됐기 때문이다.

아침 9시부터 시작되는 교육은 오후 6시가 되어야 끝이 났다. 모든 수업은 완전히 영어로 진행됐다. 알아듣는 말이 몇 마디 되지 않았지만 그래도 열심히 귀를 기울였다. 처음에는 영어로 의사소통하는 것이 여간 힘들고 고통스런 일이 아니었다. 하지만 거기에 내 밥줄이 달려있다고 생각하니 게으름을 피울 수가 없었다. 정말 계속되는 긴장의 연속이었다.

그 때 영어를 습득하기 위해 흘렸던 귀한 땀방울이 내가 사업을 하면서 해외시장을 개척하는데 얼마나 큰 도움이 됐는지 모른다. 게다가 해외에 나가보니 각국에 산도스제약 출신의 영업사원이 상당히 많았다. 그들 가운데 많은 수가 수입도매상을 하고 있었다. 같은 회사 영업사원으로 근무했었다는 동질감은 그들과 거래를 시작하는데 큰 도움이 됐다. 이처럼 산도스제약회사 시절은 내 인생에 큰 재산이 됐다.

모든 교육을 마친 후에 내가 매일 했던 일은 바로 커다란 가방에 샘플과 설명서를 가득 담고서 이 병원 저 병원을 돌아다니는 것이었다. 낯모르는 의사들에게 우리 회사 제약품을 홍보하고 약을 파는 것이 나의 주된 업무였다. 그러나 전혀 안면이 없는 사람들을 상대로 물건을 판다는 건 결코 쉬운 일이 아니었다.

지금은 그래도 인식이 많이 좋아졌지만 그 당시만 해도 영업사원이라고 하면 회사에서조차 외판원이라고 부르며 아예 무시하던 시절이었다. 오죽하면 영업사원은 장가가기도 힘들다는 말이 나왔겠는가.

커다란 가방을 들고 이 병원 저 병원을 전전하다 보면 동창생들과도 종종 마주쳤다. 그때마다 조금은 부끄럽고 겸연쩍어서 일부러 못본 척 피하는 경우도 많았다. 또 의사들에게 우리 회사 제품을 써줄 것을 부탁하는 직업이라 비굴함을 느낄 때도 있었다.

하지만 나는 그것을 천직이라 생각하고 참으로 열심히 일했다. 발이 부르트고 구두 뒤축이 닳아 없어질 정도로 정말 열심히 뛰었다. 그러자 실적도 점점 오르고 일하는 노하우도 쌓여서 점차 수월해졌다. 차츰 나는 그 누구보다 내 직업에 대해 자부심과 만족감을 느끼게 됐다.

그 당시 가장 어려운 것은 의사들에게 먼저 담배를 권하는 것으로 영업을 시작하는 일이었다. 담배를 못 피우면 영업은 불가능한 것으로 인식됐다. 저녁에는 술접대도 많았다. 기독교인인 내게 술과 담배는 정말 어려운 시련이었다. 나는 담배는 피우지 않았으나 술은 적당량을 마시지 않을 수 없었다. 그것이 점점 횟수가 잦아지면서 가벼운 음주는 일상생활이 되어가고 있었다. 하루는 결단을 내렸다.

"영업에 꼭 술, 담배가 필요하다는 것은 핑계에 불과하다. 악조건 속에서도 해낸다는 강한 정신력이 더 중요하다."

이때부터 시작된 '백절불굴(百折不屈)의 정신'은 우리 회사 경영이념의 기초가 되었다. 이를 바탕으로 이후 나에게 닥친 어려운 일들도 쉽게 헤쳐나갈 수 있었다.

성경에 한 사람의 이야기가 나온다.

한 사람이 있었다. 하루는 먼 곳에서 친구가 찾아왔는데 그 사람은 너무나 가난해서 대접할 음식이 전혀 없었다. 그래서 옆집 부자에게 찾아가 "지금 내 친구가 사막을 건너오느라 너무 지쳐서 무엇이라도 먹지 않으면 죽을지도 모른다."고 사정했다. 그러나 부자는 워낙 늦은 시간이라 아무 것도 먹을 것이 없다고 하며 그를 쫓아냈다. 가난한 사람은 다시 한 번 친구를 위해 간곡히 부탁했으나 부자의 대답은 같았다. 그래도 포기하지 않고 계속 찾아가 먹을 것을 조금이라도 달라고 끈질기게 부탁했다. 그러자 그 부자는 "네게 음식을 주고 싶은 마음은 추호도 없으나 네가 나를 너무도 귀찮게 굴어 잠을 못 자게 하니 음식을 주겠다."며 마침내 그의 청을 들어주었다.

나는 이 이야기에서 영업 전략을 배웠다. 끈질기게 노력하면 안 될 일은 없는 것이다. 초기에는 보통 새로운 거래처를 뚫기 위해 적어도 열번 정도 병원을 방문했다. 어찌나 끈질기게 다녔는지 그 열성에 질려 거래를 터준 병원이 많았다. 그리고 한번 고객이 되면 끝까지 신뢰를 잃지 않기 위해 더욱더 노력했다. 그래서일까 지금 나는 '무엇 때문에 못한다'는 핑계를 제일 싫어한다.

지금도 그 당시 일했던 멤버들과 일년에 몇 번씩 만나는 모임을 계속하고 있다. 서로 만나면 어려웠던 그 시절 이야기로 꽃을 피운다. 그들 모두는 어떤 장소에서든 자신이 영업사원이었다는 사실을 자랑스럽게 이야기한다. 보통 사람들이라면 어려웠던 자신의 과거를 숨기고 싶을 만도 한데 이렇게 터놓고 이야기할 수 있다는 것은 그만큼 그 시절 경험이 그들의 삶에 많은 도전과 자극이 됐기 때문이다.

그처럼 어렵고 힘들었던 영업사원으로서의 경험이 없었다면 지금과 같은 성공은 없었을지도 모르는 일이다. 내 과거는 많은 사람들이 괄시하던 영업사원이었지만, 그것을 통해 지금처럼 성공했다고 당당하게 말할 수 있는 그 친구들의 모습이 나는 한없이 자랑스럽다.

나 역시도 어디서나 나의 영업사원 시절을 당당하게 이야기한다. 보잘 것 없었던 과거를 숨기고 영광스런 오늘만 강조한다면 현재 그 사람의 성공은 진실이 아니라 허상일 뿐이다.

진정으로 성공한 사람은 어려울 때 겪었던 그 아픔을 통해 다른 사람의 아픔을 이해할 수 있어야 한다. 자신의 부족한 부분을 과감하게 드러낼 수 있는 그런 용기가 바로 성공을 향한 밑거름이 아닐까. 나의 약함을 자랑스럽게 여길 수 있는 용기로 만들어 주신 분들께 감사드린다.

아파트 평수로 사람을 평가하지 말라

> 돈은 현악기와 같다.
> 그것을 적절히 사용할 줄 모르는 사람은 불협화음을 듣게 된다.
> 돈은 사랑과 같다. 이것을 베푸는 이들에게는 생명을 준다.

어느 부자가 있었다. "금년 농사도 대풍이니 많은 곡식을 저장할 큰 창고를 더 만들자. 이제 인생을 아주 즐겁고 안락하게 살아보자. 나는 남부러울 것이 없는 사람이다."라고 스스로 행복해했다.

그때 하나님께서 이렇게 말씀하셨다.

"부자야, 내가 오늘 저녁 네 생명을 거둬가면 너의 많은 재산은 누구의 것이냐?"

그리고 부자는 그날 저녁에 죽었고 그 재산은 아들에게 넘어갔다. 그리고 그 아들은 부자와는 아무 인연도 없는 여자와 결혼했다. 그래서 그 재산은 며느리 것이 되었다.

이것은 수천년 동안 내려온 유대인의 물질관이다. 그래서 유대인들은 며느리를 고를 때 제일 우선순위로 랍비의 자녀를 손꼽고 있다. 랍비는 지금의 선생님이다. 이러한 우선순위에서 우리는 정신을 물질 위에 놓는 유대인들의 모습을 볼 수 있다. 그래서 유대인들은 노벨상의 30%를 수상한 민족이 되었다.

이 이야기는 인생에서 행복의 잣대를 물질에 두고 있는 현대인에게 주는 분명한 교훈이다.

나는 허튼 곳에 돈 쓰는 것을 싫어하고, 가족들에게도 사치를 하지 않도록 늘 강조하고 있다. 매년 생활비 인상 때가 되면 집사람과 어김없이 실랑이를 벌이는데 내 입장에서는 사원들 월급 인상률 이상으로 생활비를 올리는 것은 부담스러운 일이다. 회사 사정이 나아지면 생활비를 더 올려주겠다는 약속을 하고는 늘 한해 두해 그냥 보낸다.

그래서 아내는 아이들 옷이나 신발을 원하는 대로 사주기도 어려웠을 뿐더러, 아이들에게 강남에서는 모두 한다는 고액과외도 한번 못 시켜보았다.

고액과외 대신 동네 학원을 다니는 큰아들이 하루는 씩씩거리며 들어왔다. 학원 친구와 싸워서 오늘 저녁에 그 친구의 엄마가 우리 집에 올 거라고 했다. 이유를 물었더니 친구가 자기에게 "신발도 옷도 싸구려를 입는 거지"라고 해서 한 방을 먹였는데 코피가 났다고 했다.

또 그 아이는 큰 아파트에 살고 있고 부자라는 것을 자랑하면서 거지들과는 같이 놀지 않는다고 했다는 것이다. 강남에서는 아파트 평수에 따라 아이들끼리 편을 가르며, 친구 선택도 집이 얼마나 부유한가를 기준으로 한다고 했다.

그 아이의 엄마가 저녁에 집 앞에 와서는 우리 아들을 보고 "이게 너희 집이냐?"고 재차 물어보고, 그렇다고 하니 어이없다는 표정으로 돌아갔다고 한다. 아마 그 아이 어머니는 우리 아이 집이 무척이나 가난한 줄로 알고 일장 훈시를 준비했던 모양이다.

물질로 사람의 인격을 평가해서는 안 된다고 나는 아이들에게 철저하게 교육하고 있다. 물질은 없으면 불편한 것이지 그것이 그 사람의 전부는 아닌 것이다.

그래서 우리집 경제교육의 핵심은 물질을 바로 사용해야 하는 이유이다. 허세 없이 겸손한 마음가짐으로 물질을 사용하는 올바른 경제관을 강조하고 있다.

물질은 하늘로부터 잠시 위탁받아 집행하는 권한만 내게 있지, 결코 개인의 것이 아니다. 이것이 바로 미국을 건설한 청교도들의 개념이며 나의 기본 경제관이다.

물질적 풍요 ≠ 삶의 질

> 만족할 줄 아는 사람은 진정한 부자이고
> 탐욕스러운 사람은 진실로 가난한 사람이다.

내가 다니고 있는 헬스클럽에는 구두 닦는 사람이 있다. 오래 전부터 보아왔는데, 3평 남짓한 퀴퀴한 냄새가 나는 곳에서 구두만 닦는 사람이다. 그런데 그 사람은 늘 얼굴이 밝다.

'저 사람의 삶의 질은 얼마나 될까?' 하고 생각을 하며 가만히 들여다보니 그에게는 삶의 질을 향상시키는 나름대로의 방법이 있었다. 그는 틈만 나면 책을 읽었다. 구두를 닦을 때나 안 닦을 때나 책을 놓지 않았다.

회사에서 독거노인을 모셔놓고 경로잔치를 한 적이 있었다. 춤추고 노래를 부르는 회사 직원들과 노인들의 얼굴에는 만족스러움으로 가득 찼다. 월급도 얼마 되지 않는 직원들이지만 가난한 노인들에게 밥도 주고 같이 어울리면서 행복해하는 모습이 아름답다고 느꼈다.

대학총장을 하시던 분이 있는데 등산을 하면 마음이 깨끗해진다고 했다. 산을 내려와서 부침개를 먹는 그 순간이 그렇게 행복할 수가 없다는 것이다.

이들의 모습을 보면서 삶의 질이란 돈으로만 되는 것이 아니라 스스로 좋은 것을 찾아서 누릴 수 있는 여유라는 생각을 하게 되었다. 그러나 삶의 질을 높이기 위해서는 기본적인 생활을 할 수 있는 경제력이 뒷받침 되어야 한다.

연금으로 생활하는 50대 실업자가 늘고 있다. 황혼 이혼이 늘어나며 말년에 이혼 당하는 사람도 많다. 카드를 무분별하게 쓰다 보니 신용불량자가 늘고, 그로 인해 취직이 되더라도 보증서를 끊지 못해 다시 회사에서 해고되는 경우도 부지기수다.

20대에 3년간 백수로 지내면 평생을 백수로 지낼 가능성이 높다는 통계도 있다. 지금 직장이 있는 사람들은 삶의 질을 영위할 수 있는 경제력을 가진 것만으로도 행복해야 할 것이다. 이런 현재의 자신을 놓치지 말아야 할 것이다.

몇년 전에 원료 의약품을 팔기 위해 프랑스 파리에서 열린 의약품 박람회에 다녀왔는데 예전에 비해 많이 변했다는 것을 느꼈다. 몇년 전만 해도 파리는 교통체증이 거의 없었는데 지금은 서울보다 교통체증이 더 심해보였다. 그리고 시내를 다니는 차가 택시 외에는 소나타만큼 큰 차가 별로 없었다. 우리는 프랑스라고 하면 '잘 사는 나라' 라고 무심코 생각하는데 그렇지 않은 면이 많이 보였다.

가이드에게 요즘 대학 졸업한 사람들의 월급이 얼마나 되느냐고 물었더니 한국 돈으로 220만원 정도 받는다고 한다. 220만원을 모두 받는 것도 아니었다. 거기서 세금으로 반 정도를 제하면 한달 100만원 정도가 실제 수령액이다. 그러니 승용차는 아예 타고 다닐 생각을 못하고, 그나마 조금 많이 받는 사람들도 조그마한 소형차를 타고 다니는 것이다.

프랑스의 경제정책은 수정자본주의에 기초하다보니 사회주의적인 성격이 강해서 실업자들을 국가가 거의 거두어야 한다. 실업수당이 굉장히 높기 때문에 일을 안 해도 먹고 살 정도로, 일을 하나 안 하나 별 차이가 없다. 또한 대학이나 중, 고등학교에 입학할 때 학비가 거의 들지 않는다. 국가에서 실업자들을 먹여 살리고, 학생들 등록금 내주다보니 세금이 계속해서 늘어나 오히려 일하는 사람들이 일한만큼 누리지 못하게 되어 버렸다.

그러니 프랑스 파리에 사는 사람들이 반드시 행복하다고는 할 수 없는 것이다. 일본도 비슷한 형편이고 미국을 가 봐도 마찬가지다. 우리 회사가 미국 앨라배마 공장에 채용하는 화학공학과 출신 대졸자의 연봉은 2,400만원이다. 토요일 근무를 포함해서 시간당 7,8달러라는 계산인데, 이렇게 보면 미국 생활도 그렇게 넉넉하지 못하다.

캐나다는 한 사람이 전일 근무를 하는 대신 교대로 여럿이 근무한다. 한 사람 쓸 일이 있으면 두 사람에게 나누어주면서 인건비를 낮추고 있다. 호주도 요즘 인건비가 떨어지는 추세다.

반면 개발도상국 도미니카는 오히려 의외였다. 나는 도미니카의 경우 대학을 졸업하면 200달러 정도 받는 줄 알았다. 베트남이나 필리핀이 200달러 정도니까 도미니카도 이와 비슷할 줄 알았다. 그런데 도미니카에서는 약 500달러 정도 받는다고 한다.

이처럼 개발도상국의 인건비는 많이 올라가는데 선진국은 머물러 있거나 떨어진다. 그래서 세계적으로 사는 것이 비슷하게 변해가고 있는 것 같다.

선진국의 인건비가 떨어지고 개발도상국의 인건비가 점점 올라가는 이유는 여러 가지가 있겠지만 그 이유 중 하나는 사무자동화 때문이다. 이제 컴퓨터가 발달하니 옛날에 두 사람이 하던 일을 한 사람만으로 힐 수 있게 되었다.

또 선진국에 있는 생산 기지가 개발도상국으로 전부 옮겨가 취업할 자리들이 줄고 있기 때문이다. 공장이 옮겨갔기 때문에 일자리도 옮겨가고 당연히 개발도상국의 인건비는 올라가게 되는 것이다. 일자리의 감소가 인건비 하락으로 이어지는 것이다.

그렇다고 해도 나라별 화폐가치와 물가수준이 다르기 때문에 여전히 개발도상국의 인건비는 싸다. 싼 인건비로 인해 개발도상국은 가격경쟁에서도 우위를 선점할 수 있게 된다.

예를 들어 최근 원료 시장에서 값이 싼 중국이나 인도산 원료가 휩쓸고 있다. 우리도 원료를 합성해서 가지고 나갔는데 그들의 원료는 우리나라의 절반 정도의 가격밖에 안 된다. 이는 그 나라들의 인건비가 워낙 싸기 때문에 가능하다.

이렇게 부(富)가 점점 선진국에서 개발도상국으로 흘러가게 된다. 우리나라만 해도 신발공장이나 가발, 직물공장, 수공업 등 손이 많이 가는 산업들이 중국이나 말레이시아로 넘어갔다. 우리나라 안의 일자리는 줄어드는데 일하려는 사람들은 오히려 많아진다. 게다가 중국이나 인도에서까지 사람을 들여오니 일자리 부족의 악순환이 계속되는 것이다.

물질의 단순비교로만 보자면 선진국은 분명 개발도상국보다 잘 산다. 그러나 실업자의 증가나 턱없이 높은 세금 등을 생각하면 선진국 사람들이 잘 산다고 딱 잘라 말할 수 없다.

믿음이 있어야 성공한다

> 위대한 신앙은 곧 위대한 희망이다.
> 그것은 응원자로부터 멀어짐에 따라 더욱더 분명한 것이 되어간다.

나도 이제 사업을 시작한 지 벌써 20년이 넘었고 나이도 50대 후반이다. 그러다 보니 그동안 많은 사람들을 만나왔고 그중 성공한 사람의 특징이 자연스레 눈에 보이기 시작했다. 그들 중에는 명문대 출신도 있고 부모가 부자인 사람, 유난히 사교성이 좋아 장사를 잘하는 사람, 전문적인 기술을 가진 사람 등 다양했다.

그러나 이들에게 몇 가지 공통점을 찾을 수 있다.

첫째, 대개 성공한 사람은 명문대 출신이 아니라는 것이다. 학벌이 좋은 사람은 대부분 그 자리에 안주하고 안일하게 세월을 보낸다. 반면 학벌이 좋지 않지만, 그렇기에 새로운 도전을 해 성공하는 경우가 많다. 그들은 자신을 사랑하고 일에 대한 확신이 있었다.

둘째, 넓게 보고 깊게 생각하는 사람이다. 그래서 자기 손해를 감수하면서도 남도 배려할 줄 아는 사람이다.

셋째, 술수와 꾀보다는 정도를 따라 자기의 길을 가는 사람이다. 마음속에 따뜻함을 가지고 무슨 일이든 진심으로 대하는 사람이 결국에 성공하는 것을 본다. 사교성이 아주 좋아서 장사를 잘 하는 사람은 세월이 지나고 보면 타인의 신뢰를 얻지 못해 사업에 실패하는 경우가 많다. 술수와 꾀는 절대 오래 가지 못한다. 그래서 독일의 철학자 니체는 "열정이 담겨있지 않은 것은 그 무엇도 성공에 이르지 못한다."라고 말했다.

그리고 마지막으로 믿음이 있는 사람이다. 미국의 존 워너메이커, 록펠러 등의 기업가는 신앙 안에서 성공한 경우다.

사실 사업을 시작하다보면 너무나도 어려운 역경에 처할 때가 많다. 계속해서 일어나는 어려움 속에서 경영자는 외롭고 힘들다. 그리고 많은 고민도 스스로 해결해야 한다. 그때의 공포와 외로움은 겪어보지 못한 사람은 알 수 없다. 이럴 때 이를 극복할 인내가 필요하며 이러한 인내는 믿음에서 나온다.

사람이란 힘들고 고독해지면 자연히 절대자에게 매달리게 된다. 이러한 믿음의 주체에는 여러 가지가 있겠지만, 나의 경우는 하나님께 매달릴 때 새로운 생각과 힘이 나온다. "나를 사랑하시는 여호와여 내가 주를 사랑하나이다. 나에게 새 힘과 용기와 지혜를 주시옵소서."라고 기도를 올리면 어떠한 어려움도 헤쳐나갈 수 있는 힘이 생긴다.

 믿음이 있는 사람이 최종적으로 성공하는 경우를 많이 본다. 어려움을 겪는 경영자들은 신앙을 가져보자. 믿음과 노력이 있는 한 실패는 없다. 분명한 믿음을 갖고 있다면 세상에서는 실패를 했더라도 자신의 믿음 안에서는 실패하지 않은 것이다.

바라봄의 법칙

> 모든 것은 꿈에서 시작된다. 꿈 없이 가능한 일은 없다.
> 먼저 꿈을 가져라. 오랫동안 꿈을 그리는 사람은 마침내 그 꿈을 닮아간다.

매일 아침 눈을 뜨면서 나는 기도로 하루를 연다.

"전능하사 만물을 주관하시는 주님, 저를 인도해주십시오. 당신께서 제게 허락하신 일을 할 수 있는 지혜와 힘을 주십시오. 날마다 처음과 같은 열정으로 항상 최선을 다할 수 있도록 도와주십시오. 그로 인해 더 나은 삶을 개척하게 하소서."

이렇게 매일 기도로 아침을 시작하면 하루하루가 새롭고 매우 중요하게 느껴진다. 그저 해치워야 할 지루한 일상으로 느껴지던 하루의 일과가 열정을 가지고 열심히 살아야 할 이유를 갖게 되는 것이다.

중요한 것은 우리가 매일 다시 돌아오지 않는 마지막 날을 살고 있다는 것이다. 오늘은 우리에게 주어진 새로운 날이자 영원히 되돌아오지 않는 날이다. 이런 각오로 하루를 시작한다면 열심히 살지 않을 수 없다.

하지만 이와 같은 기도 없이 시작되는 매일매일은 그저 바쁘게 흘러갈 뿐이다. 긴 세월이 흐른 뒤에 되돌아보면 아무 것도 이룬 것 없이 그저 나이만 먹었다는 것을 깨닫게 될 것이다. 그래서 나는 회사 직원들에게 아침에 일어나서 눈을 뜨자마자 기도할 수 있는 기도문을 하나씩 만들어보라고 권한다. 이런 짤막한 기도문이 평범한 사람을 비범한 사람으로 바꿔놓을 수 있다는 믿음에서다.

또 나는 과거의 내 위치, 현재의 위치와 함께 희망하는 미래의 위치를 적어 항상 잘 보이는 곳에 붙여놓는다. 그것을 자꾸 쳐다보고 상기하게 되면 그것으로 나의 행동이 구체화된다. 미래의 내 위치에 목표가 고정되게 되면 그것을 중심으로 나는 항상 궤도를 유지하게 되고, 절대 거기서 벗어나지 않는다.

이렇게 구체적으로 나의 미래를 꿈꾸고 그 꿈을 반복적으로 연상하는 훈련을 한다. 연상훈련의 놀라운 힘은 그 미래를 반드시 현실로 바꾼다는 데 있다. 혹 내가 꿈꾸었던 그 미래와 똑같지는 않을지라도 근접하게는 될 수 있는 것이다.

미래의 위치를 적어놓는 것 외에도 연상훈련에는 여러 가지가 있다. 그중 하나가 바로 성공의 가상 시나리오를 마음속으로 반복하는 것이다. 예를 들면 내가 영업 실적이 가장 좋아 전 사원 앞에서 상을 받는 자랑스러운 장면을 시나리오로 구상해보는 것이다. 수상 소감까지 구체적으로 생각해두면 그 일은 가까운 미래에 반드시 현실화될 것이고, 그때 나는 미리 준비된 수상소감을 여유 있게 말할 수 있을 것이다.

이와 같은 성공의 가상 시나리오는 우리가 마주치는 많은 장벽들을 무력하게 만든다. 우리 시나리오에는 삶의 장애물이 전혀 없다. 지금 내가 마주하고 있는 장벽은 일종의 환상이나 마찬가지다. 그러므로 장벽의 환상을 깨고 연상훈련으로 꿈꾸었던 미래를 이루어가는 일는 무척이나 쉬운 일이 될 것이다.

Part

02

經
營

우리는 정신적 쿠데타를 일으켜야 한다.
자기신뢰를 바탕으로 투명성과 정직성을 가진
건전한 기업문화를 만들고, 사람을 키워야 한다.
이를 바탕으로 세계로 도약할 때 세상을 움직일 수 있다.

경영자가 지녀야 할
마음가짐

CEO는 건강해야 한다

충분한 건강을 갖는 것이 무엇보다도 중요하며,
건강의 나무가 무성하면 자연히 쾌활한 꽃이 핀다.

기업이 뿌리를 내리고 계속 성장해야 하는 이유는 많은 사람에게 일자리를 주며 생활의 터전을 마련해주기 위해서다.

기업은 인격을 갖춘 또 하나의 인격체다. 따라서 기업정신은 기업문화를 형성한다. 이는 우리 사회의 건강을 유지시키고 역사를 움직여나가는 원동력이 된다. 기업의 육체적 건강이 기업이익으로 나타난다면 기업의 정신적 건강은 기업의 사명으로 나타난다고 생각한다.

CEO는 배의 항로를 지휘하는 선장과 같은 역할을 한다. 이 때문에 CEO의 건강이 바로 기업의 건강과 일치하는 경우가 많다. 나는 CEO

의 건강은 육체적 건강보다 정신적 건강이 훨씬 중요하다고 본다. 그래서 나는 건강을 이야기할 때마다 정신적인 건강을 지나치다 싶을 정도로 강조한다.

내 경우 정신건강을 유지하는 방법은 첫째, 기독교 신앙에 기초한다. 영적인 건강을 유지하기 위해 매일 성경을 읽고 이를 통해 영감과 정신 건강을 고양한다. 성경을 통해 하루를 생각하고 계획하고 반성하면서 또 다른 하루를 설계한다. 힘들고 고달픈 사업을 해오면서 이런 정신적 지주가 없었더라면 벌써 포기하고 말았을 것이다.

둘째, 육체적인 건강을 위해 담배를 안 피우고 술은 아주 적게 마신다. 술과 담배는 인간을 노화시키는 유해활성산소를 만들어 건강을 크게 해친다. 그래서 유해활성산소를 없애는 비타민, 인삼, 은행잎 추출물 등 항산화계 건강식품을 정기적으로 먹고 있다. 개인적으로 굉장한 효과를 보고 있으며 권장하고 싶다.

또 헬스클럽에서 가벼운 운동과 목욕요법을 하고 있다. 헬스클럽에 나간지도 어언 20년이 되어간다. 가끔 골프도 치지만 시간이 아까워 자주 못하고 있다. 시간이 나면 간단한 워킹 정도를 한다. 그리고 충분한 수면을 취하기 위해 노력하고 있다.

지금도 나는 아침 7시 30분에 일을 시작해 밤 12시를 넘기는 일이 다반사지만 피곤한 것을 모르고 있다. 나를 아는 사람은 모두 나에게 항상 힘이 넘친다고 말한다. 이는 건전한 정신이 건강한 육체를 만들고 있기 때문이라고 생각한다.

카리스마의 비결

> 고용주는 권위에 의존하고 지도자는 친절에 의존한다.
> 고용주는 '나' 라고 말하고 지도자는 '우리' 라고 말한다.
> 고용주는 '일하라' 라고 말하고 지도자는 '일합시다' 라고 말한다.

카리스마란 지도자에게 요구되는 덕목으로 '사람을 사로잡는 매력' 또는 '위압감' 으로 설명될 수 있다. 이는 곧 지도자에 대한 존경심으로 귀결된다.

지도자가 되기 위해서는 업무에 대한 전문적인 습득이 필수다. 한 가지 업무에 정통하여 그 능력을 인정받았을 때 비로소 사람들의 존경심을 불러일으킬 수 있다. 정확한 목표를 설정한 후 확신을 가지고 사람을 대할 때 카리스마가 나타난다고 할 수 있다. 또한 변함없는 확신과 더불어 항상 솔선수범할 때 모든 사람이 존경심을 가지고 따르게 마련이다.

나의 군대 생활 중 실패로 기억되는 에피소드가 하나 있다.

김신조 일당의 청와대 습격 사건 이듬해인 1969년, 나는 육군 소위로 임관되어 백암산 전방 부대로 투입됐다. 당시 곳곳에서 간첩 출현이 잦은 터라 기동 타격대 소대장으로 간첩 소탕 작전을 수행하고 있었다.

그런데 하루는 부대 옆 산에 간첩이 나타났다는 소식을 들었다. 현장에 도착하니 밤 10시가 넘었다. 주변은 온통 깜깜한 상태에서 여기저기 총소리만 들릴 뿐이었다. 산 정상에 오르니 귓가를 스치는 총소리가 더욱 실감나게 들려왔다. 고막을 찢는 듯한 총소리에 소대원들은 잔뜩 겁을 먹고 있었다.

나도 덜컥 겁이 나서 명령인지 부탁인지 알 수 없는 말투로 선임 하사에게 앞장서줄 것을 제안했다. 평소에 그렇게 용감하던 그도 정색하며 소대장님이 앞장서시라고 했다. 정말이지 너무 무서워서 어떻게 해야 할지 몰랐다.

한참을 머뭇거린 후에야 책임감이 무엇인지 갑자기 죽을 각오가 생기면서 앞장서 산에 오르기 시작했다. 그때야 비로소 소대원들이 뒤따라왔다. 그러나 간첩은 이미 다른 산으로 도망가 교전은 피할 수 있었다. 그때를 생각하면 지금도 얼굴이 화끈거릴 정도로 창피하다.

카리스마는 깨끗한 마음과 희생정신을 가졌을 때 나온다. 이기적인 마음가짐과 남을 속이려는 마음은 어느 누구에게도 신뢰를 줄 수 없다. 원칙 중심의 사고로 자기의 인격을 갖추고 청빈주의를 실천했을 때 진정으로 존경받는 것이다.

'누이 좋고 매부 좋고' 영업론

> 훌륭한 세일즈맨이란 더 많이 사도록 강요하는 것이 아니라
> 고객이 다시 찾도록 하는 사람이다.

나의 영업정책을 한마디로 설명하면 '누이 좋고 매부 좋고'다. 영업사원으로 직장생활을 시작해 지금까지 회사를 경영하면서도 한눈팔지 않고 영업일만 해왔다. 그동안 수없이 많은 사람들을 만났고 많은 거래를 이뤄냈다. 영업사원 시절부터 목표액을 달성하지 못해 곤란을 당했던 적은 한번도 없었다. 때문에 이 분야에 있어서는 어느 누구에게도 뒤지지 않는다고 자부할 수 있다.

내가 무엇보다 자랑스러워하는 것은 우리 회사 물건을 구입한 고객에게 한번도 손해를 끼친 적이 없다는 사실이다. 유능한 세일즈맨은 무작정 판매하기보다 고객이 최선의 선택을 할 수 있도록 도와주어야

한다. 다시 말해 단순히 파는 것으로 끝내는 것이 아니라 고객의 선택을 돕고 책임져야 한다는 것이다. 이것이 바로 나의 윈-윈 전략이다.

나와 상대방 모두에게 이익이 된다고 판단되어야만 비로소 영업을 시작했다. 나에게만 이익이 된다면 한번은 거래가 성사될지 모르지만 그 거래가 계속 이어지지는 못한다. 물론 상대방이 혼자서 이익을 독식하려 한다면 나 역시 그 사람과 다시 거래하지 않는다.

국내 뿐 아니라 해외에서도 이런 방식으로 영업을 해왔기 때문에 나와 한번 거래를 맺게 되면 웬만한 위기가 닥쳐와도 거래를 끊는 경우가 거의 없다. 그래서인지 내 고객 중에는 내 덕분이라고 말하기는 좀 그렇지만 나와의 인연으로 부자가 된 사람이 꽤 된다.

베트남의 '빈'이라는 거래업자도 그런 사람 중의 하나다. 처음 만났을 때 그는 가난한 노총각이었다. 하지만 지금은 결혼도 했고, 베트남에서는 갑부라는 얘기를 들을 만큼 돈도 모았다. 인도의 '바 가트'라는 거래상도 그렇다. 요즘은 인도 최고의 수입상으로 한창 주가를 높이고 있다. 싱가포르 거래상도 마찬가지로 요즘 제법 얼굴이 윤기가 흐른다.

거래상들이 이처럼 모두 다 잘되고 있으니 나도 이제는 어엿한 다국적 제약기업 사장으로의 자리를 확실히 굳힐 수 있게 됐다. 아마도 우리 회사처럼 액수는 적어도 알뜰하고 확실한 해외 수출망을 구축하고 있는 제약회사는 거의 없을 것이다.

이처럼 회사가 성공할 수 있었던 것은 서로 조금씩 양보하며 상호 신뢰를 갖고 지속적인 거래를 해왔기 때문이 아닌가 싶다. 이것이 바로 내가 주장하는 '누이 좋고 매부 좋고' 영업론이다. 즉 욕심을 버리고 조금씩 양보하면 모두가 함께 잘살 수 있다는 얘기다.

영업에 있어 신뢰는 무엇보다 중요하다. 신뢰는 관계의 지속성을 가져다준다. 따라서 신뢰를 지키느라 당장에는 손해가 나는 듯 보여도 장기적인 안목으로 바라볼 때 신뢰는 우리에게 이익이 된다.

탄탄한 신뢰를 바탕으로 지금까지 관계를 유지하고 있는 사람이 바로 우리 회사를 뒤에서 아버지처럼 돌봐주고 있는 이스라엘의 슈바르츠 박사다.

10년간 의약품 영업을 하면서 나는 언제나 적극적이었고, 그 결과 영업성적은 항상 선두였다. 해외출장을 자주 다니다보니 영업직원들은 자연스럽게 독립해 의약품수입상을 하거나 관련분야에서 자신만의 영역을 개척하고 있었다.

나는 남보다 승진도 빠르고 안정된 상태였지만 독립해서 내 사업을 하고 싶었다. 그렇게 의약품수입상을 시작했다. 그때 우연히 만나게 된 분이 바로 유대인 슈바르츠 박사였다.

의약품중개상인 그는 한국에 사업차 나왔다가 나와 만나게 되었고, 그로 인해 이스라엘 약을 처음으로 수입할 수 있었다. 국제적인 판매조직망을 가진 그는 수입하기 좋은 약을 선정해주었고, 우리 약을 팔아주는데 지금까지 앞장서고 있다. 우리 회사가 미국, 동남아, 유럽 등 세계로 뻗어나가고 많은 바이어들과 접촉할 수 있었던 것도 모두 그의 공이다.

의약품수입상을 하다보니 기술력이 얼마나 중요한 것인지 확인할 수 있었다. 원가는 정말 얼마 안 되지만 약의 효능과 독점 생산이라는 점 때문에 회사가 취하는 이득은 판매중개상과 비교가 되지 않았다.

수입판매로 어느 정도 자리를 잡자 약을 개발, 생산까지 하고 싶다는 생각이 들었다. 주위에서 말리는 사람이 많았지만 기존의 제약회사를 하나 인수해 개발을 시작했다. 품목허가를 받고 설비를 늘려가는 데 정부의 우수의약품제조관리기준 의무화 조치가 내려졌다.

이로 인해 내수시장이 과열돼 수출 쪽으로 눈을 돌리지 않으면 안 되는 상황이 되었다. 80년대 후반만 해도 완제의약품 수출은 엄두도 못냈다. 의약품은 사람의 생명과 직결되기 때문에 수입국 보건당국의 등록절차에만 2년 6개월이 걸릴 정도였다.

수입에서 수출로 돌아설 때도 적극적인 도움을 준 이가 이 슈바르츠 박사였다. 그분은 유대인 특유의 폭넓은 인간관계로 우리 회사 약을 수출하는 데 힘써줬고, 이를 기반으로 우리 회사는 미국과 베트남 현지법인과 공장을 설립하기에 이르렀다.

이처럼 우리 회사는 해외 수출시장을 개척할 때 그에게 많은 도움을 받았고, 지금도 해외 플랜트 수출에서 많은 조언을 받고 있다.

의약품 무역업계에 있어서 선구자나 다름없는 슈바르츠 박사와 벌써 20년 넘게 친척 이상으로 두터운 친분을 유지하고 있다. 슈바르츠 박사의 부인과 딸들도 모두 우리 유나이티드제약을 마치 자신들의 회사인 것처럼 생각하고, 애정 어린 관심을 가져주어 무척이나 감사하다.

"신뢰를 바탕으로 욕심내지 말고 조금씩 양보해서 우리 모두가 함께 살아가자."

이것이 우리 회사의 영업정책이다. 나는 앞으로도 이 정책을 계속 밀고 나갈 것이다.

정부를 이용해 자금을 마련하라

> 기회는 절대로 오지 않을 것이다.
> 기회는 바로 여기에 있기 때문이다.

1999년은 꽤나 상복이 많았던 한해였다. 의약품 수출을 잘 했다고 500만 달러 수출탑을 수상했는가 하면, 물 없이 먹는 효과 빠르고 부작용이 적은 진통제인 '알카펜'을 만든 우리 회사 연구소의 신현종 박사가 한국약제학회로부터 제제기술상을 받았다.

그리고 충남기업인대회에서 종합대상도 받았다. 이는 1999년도 충청남도 전체 회사 중 경영능력과 수출 및 기술력 등 모든 면을 종합적으로 평가해서 가장 높은 점수를 받은 기업체에게 주어지는 것이기 때문에, 그 어떤 상보다 의미가 깊고 자랑스러우며 명예로운 상이다.

우리 회사가 수상하기 이전에 미래산업에서도 이 상을 받았다고 한다. 우리 회사가 미래산업과 같은 대열에 들었다는 것만으로도 나는 대단히 흡족했다.

또한 이 상은 충청남도 기업인을 대상으로 하는 것이기 때문에 지역친화적인 기업이어야 받을 수 있다. 그런데 충청도 출신도 아닌 내가 받았다는 것은 의외의 일이라 더욱 감사했다.

충남기업인종합대상 시상식이 있던 날, 여러 기업인과 관계 공무원들이 그 자리에 모였다. 나는 거기서 "긍정적인 눈으로 정부를 보면 돈이 보인다."고 말했다.

혹자는 도지사 앞에서 대놓고 아첨을 한다고 비아냥거렸지만, 그건 나의 진심이었다.

대다수 기업인들은 공무원들이 기업의 일을 방해하고 감시할 뿐 기업 발전에는 전혀 도움이 되지 않는다고 생각한다. 하지만 나는 그것이 오해고 편견이라고 말하고 싶다.

1995년에 지방자치제도가 실시된 이후, 각 지역의 도지사를 비롯해 관계 공무원들은 지역의 경제발전을 위한 자금 확보 등의 이유로 기업을 돕기 위해 발벗고 나섰다. 그것이 비록 다음 지자제 선거 때 재선을 목적으로 하는 일일지라도, 기업인들에게는 큰 도움이 될 수 있는 일이다.

충청남도에도 기업인들을 돕기 위한 프로그램이 매우 많다. 충청남도에서는 중소기업지원정책자금, 중소기업진흥공단자금, 신용보증기금·기술신용 보증기금, 벤처자금 등 수없이 많은 기업에 저렴한 이

자로 자금 혜택을 주고 있다. 또 각 군에도 자금이 따로 마련되어 있어 영세기업부터 중소기업까지 다양하게 도와주는 여러 종류의 혜택이 있다.

이밖에 중소기업청과 중소기업진흥공단 등에서도 교육, 기술, 디자인, 수출, 전산 등 중소기업을 도와주는 프로그램이 많이 운영하고 있다.

그런데 자세히 알아보지도 않고 정부와 공무원들이 도와주지 않는다고 뒤에서 불평만 하는 기업인들이 우리 주변에 상당히 많다. 한번쯤 관계기관을 찾아가서 허심탄회하게 담당자와 상담을 해보면, 의외로 기꺼이 도와주는 손길들이 많은 것에 놀랄지도 모른다.

"두드려라, 그러면 열릴 것이다."라는 성경의 말씀처럼 자신이 해야 할 준비를 철저히 한 후에 나머지 방법을 찾는다면 얼마든지 길이 있음을 발견하게 될 것이다.

우리 회사는 이러한 정부의 혜택을 잘 활용했기 때문에 은행 이자가 거의 나가지 않는다. 대출해서 사용한 돈의 이자율이 약 8% 정도이기 때문에, 예금이자와 대출이자가 거의 같은 수준이라 금융비용이 없는 셈이나 마찬가지다. 그러니 기업이 건실해질 수밖에 없는 것이다.

"내 말을 믿고 긍정적인 눈으로 정부의 지원정책을 면밀히 검토해보라!"고 중소기업인들에게 권유하고 싶다. 사전에 기본 자격요건을 철저히 준비해서 관련 기관의 문을 두드리면, 그곳에 반드시 돈이 보일 것이라고.

투명하게, 희망차게

자기의 길을 굽혀서 부정을 하고 있는 자가
다른 사람의 부정을 고쳐준 예는 아직도 없다.
먼저 자기 자신을 바르게 하지 않으면 안 되는 것이다.

경영의 개념이 많이 바뀌었다. 현대의 경영이라는 건 한마디로 스피드 경영이다. 오늘 상황이 다르고 내일 상황이 다르다. 경영환경이 급속도로 변화하기 때문에 요즘 나이든 사람들은 진짜 못할 것이 바로 '경영'이다.

현대 경영은 아날로그 경영에서 디지털 경영으로 바뀌었다. 물질의 단위 역시, 아톰(Atom)에서 비트(Bit)로 바뀌었다. 물질단위가 바뀌고 경영의 개념이 수시로 변화하기 때문에 실무진이 이를 뒤쫓아 가지 못하면 아무리 큰 회사라도 단 일년 만에 무너질 수가 있다.

요즘은 미국의 큰 회사들도 하루아침에 망한다. 그 이유는 바로 투명성이 결여됐기 때문이다. 윤리경영, 투명경영이라는 시대적인 조류를 따라가지 못했기 때문이다. 투명성이 확보되지 못하면 회사가 바로 망할 수 있는 것이 지금의 현실이다.

김대중 대통령도 노벨 평화상까지 받으며 잘나갔지만 바로 이 투명경영에 발목을 잡혔다. 아들이 투명경영을 못하는 바람에 대통령으로서의 신뢰도가 땅에 떨어진 것이다. 한 나라의 지도자도 투명성 하나로 그 평가가 좌지우지되는 세상이니 기업 역시, 회계의 투명성이 어느 때보다도 중요하게 된 것이다.

좀 부끄러운 얘기지만 우리 회사 모 지점에서 사고가 났었다. 금전에 관련된 사고로, 그곳 담당자와 본부장까지 연루됐다. 사후 조치에 대한 주위 임원들의 의견이 분분해지기 시작했다.

한쪽에서는 "너무 투명하게 하면 영업 직원들이 재미가 없어 영업실적이 떨어지지 않겠습니다. 사장님 조그만 것은 봐주시고 이번 것도 웬만하면 덮어주십시오."라고 얘기를 했다. 또 한쪽에서는 "사장님! 조그만 것을 봐주기 시작하면 앞으로 더 큰 사고가 발생합니다. 이번 기회에 회사를 개혁하십시오. 조그만 부정도 용납하지 말고 회사를 투명하게 끌고 가십시오."라며 목소리를 높였다.

'더 파헤쳐서 깨끗한 회사로 갈 것이냐, 아니면 조그만 것은 덮어주고 갈 것인가.' 나는 결정권자로서 회사가 가야 할 길에 대해서 고심이 많았다. 결국 마음을 결정했다. 그런 금전사고가 나는 것은 도저히 용납해선 안 되겠다고 마음을 굳게 먹은 것이다. 그래서 철저하게 조사를 해보니 더 큰 사고가 있는 것을 확인할 수 있었다.

해당자는 전부 권고사직을 했고 지휘체계에 있던 임원은 관계사 사장으로 발령을 냈다. 이 임원은 오랫동안 회사에 공이 있었던 분이었고 직접 관련이 되어 있지는 않았지만 지휘 책임을 묻고자 내린 조치였다. 금전사고는 담당자뿐만 아니라 금전사고에 관련된 임원까지도 감독에 대한 책임을 진다는 것을 이번 기회에 확실하게 짚고 넘어갈 필요가 있었기 때문이었다.

언젠가 브라질에서 한국 사람이 경영하는 기념품 가게에 들렀다. 여종업원들이 당연히 한국 사람일 줄 알고 말을 걸었더니 한국말을 전혀 알아듣지 못했다. 알고 보니 모두 일본 사람이었다.

주인에게 "당신이 한국 교포인데 왜 한국인을 쓰지 않고 일본인을 쓰냐?"고 했더니 처음에는 말을 하지 않다가 결국 그 이유를 말해주었다. 한국인은 거짓말 등 나쁜 짓을 많이 해서 안 쓴다는 것이었다. 그리고 그곳엔 그와 같은 가게들이 꽤 있었다.

작은 기념품 가게에서도 이러한데 큰 기업은 말해 무엇 하겠는가. 현대 경영의 방향을 투명경영, 윤리경영 쪽으로 잡지 않으면 미래가 없다.

옛날에는 평생직장의 개념으로 일을 했지만 평생직장이라는 개념은 이미 사라졌다고 해도 과언이 아니다. 오늘 일하다가 내일이라도 더 좋은 곳이 있으면 가차 없이 사표를 내고 옮겨간다. 그래서 많은 사람들이 떠돌아다닌다.

직업의 자유가 평생직장 개념을 없앴다. 이것이 바로 현대 경영의 큰 변화다. 그래서 회사는 좋은 사람을 쓰기 위해 대우를 잘 해주어야 한다. 그 방법밖에 없다. 그리고 회사의 미래가 밝다는 확신을 사람들에게 심어주어야 한다.

회사는 대부분 피라미드 모양의 조직체계를 가지고 있다. 처음에는 10명이 들어왔다면 점점 올라가면서 과장은 3명, 부장은 2명, 이사는 1명, 이런 식으로 회사에서 설 수 있는 입지가 좁아지고 함께 할 수 있는 사람들이 적어진다.

이러한 시스템은 대기업 같은 큰 조직들의 대표적인 문제다. 50명 정도의 신입사원들은 모두 똑똑한 사람들이기 때문에 그때부터 치열한 경쟁이 시작된다. 과장이 되면 거기서 70%는 탈락이 된다. 그럼 30대 전후반부터 탈락이 시작되는 것이다. 그래서 40대 후반이 되면 직장을 나가느냐 마느냐를 심각하게 고민하게 된다.

대기업에선 후배가 부장으로 올라가면 그 밑에 있는 사람들은 전부 밀려나는 현상이 일어난다. 그래서 요즘 대학생들은 대기업 취업도 어렵다는 생각에 이민을 가기도 한다.

은행장의 평균 연령은 55세다. 55세 이상은 은행에 거의 없다. 은행장이 55세니 지점장은 50대 초반이나 40대 후반이 대부분이다. 점점 젊어지고 있다.

이런 현상은 증권업계에서 더욱 치열하다. 요즘엔 증권회사에 취직을 하려면 오히려 주위에서 말린다고 한다. 연봉은 높아도 생존경쟁이 치열해 언제 낙오될지 모르기 때문이다. 30대 중반만 넘으면 벌써 업무 감각이 떨어져서 퇴출 대상이 된다. 그래서 35세가 정년이라고 생각하고 다닌다고 한다.

첨단 분야, 특히 IT산업(정보기술 산업) 계통도 35세가 넘으면 말 그대로 할아버지가 된다. 젊은이들이 어떻게 치고 들어오는지 35세가 되면 수명이 다 된다고 한다.

　그렇다고 조직의 형태 자체를 뒤집을 수는 없다. 그래서 나는 기업이 이 피라미드 조직을 서너 개 가져야 한다고 생각한다. 그러려면 관계사를 비롯해 조직이 커져야 한다. 그래야만 조직원들이 본사에서 견디지 못하면 관계사로 발탁이 되어서 다시 시작할 수 있다는 비전을 가질 수 있게 되는 것이다.

　이런 것이 되어야 회사와 직원들이 계속 발전할 수 있는 시점을 놓치지 않을 수 있다. 회사가 발전하지 못하면 들어오는 사람은 많은데 자리는 적어지기 때문에 위로 올라가면서 회사를 나올 수밖에 없는 상황에 봉착하게 된다.

　기업이 조직을 확대해나가지 않으면 이 사람들의 비전을 보장해줄 수가 없다. 기업은 어떻게 하든지 자기가 가지고 있는 조직에서 매년 몇 %씩의 성장을 해나가야 한다.

수완을 발휘하기보다 신용을 지켜라

사업의 세계에서도 신의는 상품 이상의 가치가 있다.
그 가치를 워낙 신뢰하기 때문에
그 밖의 다른 일에 대해서는 아주 관대하게 넘어가는 경우가 많다.

사업가에게 있어서 가장 중요한 것은 수완보다 신용이다. 사실 우리나라처럼 편법이 잘 통하는 사회에서 사업을 하다보면 눈앞의 잇속을 챙기는 적당한 수완이 더 빛을 발할 때가 많다. 하지만 적당한 수완과 편법에 의지한다면 그 사람은 한낱 장사꾼에 불과하게 된다.

나는 약간의 이익을 챙기기 위해 신용으로 지속해온 거래처를 저버린 적이 한번도 없었다. 비록 우리 회사에 큰 손해가 되더라도 신용을 지키려고 애를 썼다.

신용을 지키기 위해 내가 가장 염두에 두었던 것은 바로 '약속이행'이었다. 나는 수표보다는 말로 한 약속을 더 잘 지키려고 노력했다. 이런 나의 행동을 몇번 지켜본 거래처에서도 내가 약속이라면 어떠한 일이 있어도 지키는 사람이라는 것을 알아준다. 그것은 서로에 대한 신뢰를 더욱 단단하게 해줬고, 그 신뢰의 토대 위에 지금의 한국유나이티드제약이 굳건히 서게 된 것이다.

수십 년 동안 사업을 해오면서 신용을 지키려다가 상대방에게 뒤통수를 맞은 적도 여러번 있었다.

한번은 거래처와의 납품 기일을 지키기 위해 밤샘 작업까지 해가면서 열심히 했다. 그런데 그 거래처는 다른 회사가 우리보다 조금 나은 조건을 제시하자 우리와 그동안 쌓아왔던 신용을 헌신짝처럼 버리고, 그쪽을 선택했다. 이미 제품은 거의 다 완성된 상태라 우리 회사에는 참으로 치명적인 타격을 주는 일이 아닐 수 없었다.

기업의 생리가 조금이라도 이윤을 많이 남기는 것이니 당연한 것 아니냐고 반문한다면 할 말이 없다. 하지만 인간에게는 지켜야 할 건 지켜야 할 의무가 있다. 그래야 사회가 궤도이탈 없이 제대로 진행되기 때문이다.

그런데 안타깝게도 지금 우리 사회는 거대한 불신과 불의 속에서 움직이고 있다. 모두가 그럴듯한 말들로 신용사회를 이야기하지만, 그것은 단지 액세서리에 불과할 때가 많다.

하지만 신용은 결코 액세서리가 아니다. 사회 전체를 지탱해주는 중심이다. 사회 전체에 피가 제대로 돌게 하는, 그래서 사회 전체를 활기차게 하는 에너지다. 근본적인 분위기를 바꿔야 한다.

그러면 누가 고양이 목에 방울을 달 것인가. 그것은 우리 자신이 해야 하지 않을까? 우리 자신이 정신적 쿠데타를 일으켜야 한다. 나 자신부터 신용을 철저히 지켜야 하고, 그로 인해 다가올 불이익을 감수할 수 있다는 마음가짐을 지녀야 한다. 내가 정말 사심을 버리고 공동체를 위해 작은 일이라도 할 각오가 되어 있는지, 그것부터 따져봐야 할 것이다. 그렇게 하지 못하겠다면 다른 사람에 대한 비난은커녕 내가 당했다는 불평조차도 해서는 안 될 일이다.

꿀벌, 45℃의 비밀

> 벌들은 협동하지 않고는 아무 것도 얻지 못한다.
> 사람도 마찬가지다.

아날로그 시대의 변화 속도가 30km/h로 달리는 자동차라면 디지털 시대는 300km/h의 속도로 나는 비행기라고 할 수 있다.

또한 대기업끼리 인수합병이 점차 늘어나 기업의 덩치가 골리앗만큼이나 커지고 있다. 약육강식의 경제질서는 덩치가 큰 기업만이 살아남는 정글의 법칙이 적용된다. 토끼와 사자의 싸움이 바로 약육강식의 경제 철학이다. 힘 있는 기업, 큰 기업, 기술 있는 기업이 작은 기업을 잡아먹게 되어 있다.

근로자도 마찬가지다. 뛰어난 인재는 야구선수, 축구선수의 연봉을 받으며 스카우트되고, 보통 근로자는 직장을 얻기도 힘든 세상이 되었다. 인도의 '지피 족'이라고 불리는, 지식과 젊음을 가진 신지식인이 유럽과 미국의 일자리를 빼앗는다고 미국에서는 큰 화제가 되고 있다.

보통 사람, 보통 기업은 생존하기 어려운 시대가 되었다. 우리나라와 같이 작은 나라, 그리고 작은 중소기업은 어떻게 이 많은 근로자와 함께 살아야 할지 큰 걱정이다. 인건비 인상, 원자재 품귀, 일보다는 놀기를 좋아하는 근로자의 마음, 이런 상황에서 어떻게 회사를 운영해가야 하나 나도 늘 걱정하고 있다.

해결책을 찾아야겠다고 생각하던 중 꿀벌과 말벌의 생존경쟁에서 아주 재미난 현상을 발견했다.

꿀벌은 자신들보다 몇 배나 큰 말벌이 공격해오면 수십 마리가 하나로 뭉쳐 일제히 말벌에게 공격을 가한다고 한다. 수십 마리의 꿀벌이 일제히 날갯짓을 해 45℃의 열을 내는데, 이는 말벌이 열에 약해 45℃가 되면 죽는다는 사실을 알고 있기 때문이다. 더욱 놀라운 사실은 45℃ 이상이 되면 꿀벌 자신도 죽기 때문에 절대로 그 이상 온도를 올리지 않는다는 것이다.

이 꿀벌의 단결과 단합이 시너지 효과를 발휘하는 것을 보면서 대기업과 대항할 수 있는 유일한 방법이 될 수 있다는 생각을 했다. 노사가 하나로 뭉쳐서 힘을 합친다면 못할 일이 없다.

이승만 대통령이 '뭉치면 살고 흩어지면 죽는다'는 구호로 6·25 전쟁에서 나라를 구했다. 현재 국론분열, 세대갈등, 빈부격차 등 이 모든 것을 극복하고 하나로 뭉쳐야 한다. 우리 민족이 살고, 기업이 살아갈 대안을 꿀벌들의 지혜에서 찾을 수 있다. 우리도 하나로 뭉쳐 어려운 경쟁세계에서 살아남고 더욱 부강한 개인과 기업과 국가가 되었으면 좋겠다.

절대로 부도 내지 않는다

경영자는 어떤 문제가 발생했을 때 절대로 부하를 꾸짖거나
남에게 책임을 전가해서는 안 된다.

얼마 전 이사급 한분을 채용한 적이 있다.
그분은 약학박사로 오랫동안 한 회사에 근무했었는데 이전 회사가 부
도가 나는 바람에 우리 회사로 직장을 옮기게 된 것이다.

나는 그곳에서 어떤 일들이 일어났는지 궁금하기도 하고 부도라는
말에 귀가 솔깃해 이곳으로 온 경위를 물어보았다. 의외로 그의 대답
은 간단했다.

회사가 부도가 나자 전 직원이 온갖 정성을 다해 대처했고 어느 정
도 회사를 안정시켜 놓았다. 그러나 그 이후가 부도났을 때보다 오히
려 더 두려운 시간이었다.

이유인즉, 부도를 겪고 난 후 사장이 변해버린 것이다. 평소 지니고 있던 총명함과 명석함은 온데간데없고 늘 정신이 나간 듯 멍해 있었으며 매사에 판단력이 흐려지는 등 그 모습이 마치 유령 같았다고 한다. 또한 자신을 따르던 동료들은 거의 퇴직하고 일부 남아있는 동료들조차 먹을 것을 찾는 헤매는 야생동물처럼 변해버렸다. 예전에 가지고 있던 선량한 품성들을 하나 둘 잃어가는 모습을 견딜 수 없어 결국 회사를 그만두었다고 했다.

나는 처음에는 납득이 가지 않았다. 그러나 그때를 기억하고 이야기하는 그분의 모습은 매우 진지했다. 과장이나 거짓이 섞이지 않은 모습이었다. "부도난 회사 직원은 직장을 찾기가 쉽지 않다."는 말을 이해할 수 있을 것 같았다. 삶의 터전이나 생활환경이 무너진다는 것은 구성원들에게는 그만큼 커다란 충격으로 다가온다는 것이다.

그리고 그 이사는 마지막으로 "사장님도 경영 잘하세요. 저도 열심히 하겠습니다."라고 이야기했다. 그 순간 나는 CEO의 임무가 얼마나 중요한가를 새삼 느꼈다.

비록 짧은 시간 나눈 대화였지만 나는 등골이 오싹했다. 불가항력에 의해 유령처럼 변해갈 스스로의 모습을 잠시 상상해보니 진저리가 쳐졌다. 나도 나지만 무엇보다 어떤 일로든지 직원들의 품성을 변하게 하거나 어려움을 겪게 하는 일은 못할 짓이라는 생각이 들었다.

CEO가 자기 욕심에서, 또는 능력 부족에서 회사를 부도낸다면 그것은 곧 자신을 따르던 종업원들의 미래를 가로막는 것이요, 품성을 버리게 하는 것이요, 가정을 파탄에 빠뜨리는 결과를 가져오게 되는 것이다. 하나님은 나에게 CEO가 될 달란트를 주었다고 생각한다. 이것을 낭비하거나 게을리 해서 제대로 활용하지 못한다면 자신과 가족, 그리고 모든 사회에 해를 끼친다는 사실을 항상 염두에 두고 사업을 해야겠다는 생각이 들었다.

회사를 운영한다는 좁은 CEO의 개념에서 나아가 직원들의 안전과 발전을 위해 일하는 것이 바로 CEO의 진정한 의미라는 것을 절감했다. 전체를 아우르는 CEO로서의 책임과 중요성은 아무리 강조해도 지나치지 않다.

기업이 가정을 살려야 한다

> 가정과 가정생활의 안전, 그리고 향상이 문명의 중요 목적이요,
> 모든 산업의 궁극적인 목적이다.

　　　　　　최근 중국을 비롯해 동남아시아에 '한류 (韓流) 열풍'이 불고 있어 우리나라 연예인들이 아시아의 스타로 급부상하고 있다.

　우리 회사가 진출해 있는 베트남에서도 우리나라 배우들의 인기가 하늘을 찌를 듯하다. 한국 드라마가 방영될 때는 많은 베트남 국민들이 드라마 때문에 잠을 이루지 못했고, 그 인기가 어찌나 대단했는지 하루에 세 번씩이나 방영될 정도였다고 한다.

　그러나 베트남 정부는 한국 드라마가 항상 불륜과 이혼 등 건전한 가정을 해치는 내용을 주로 다루고 있어 베트남 가정에 나쁜 영향을

미친다고 판단, 결국 한국 드라마 방영을 금지시켰다고 한다. 즉 우리의 대중문화가 가정의 해체를 부추기고 있다는 얘기다.

우리나라의 이혼율은 대단히 높아 결혼 후 3년 이내에 이혼하는 확률은 세계에서도 최고로 꼽힌다. 이는 우리 사회의 근간을 이뤄왔던 가정이 무너지고 있음을 보여주는 현실이다.

가정이 해체되면 기업은 물론이고 나라도 제대로 지탱될 수 없다. 따라서 기업은 가정을 지키는 데 남다른 관심과 노력을 기울여야 한다. 우리나라의 가정 파괴에는 기업도 적지 않은 원인을 제공했기 때문이다.

이제까지 우리나라에서는 정상적인 경쟁구도에서의 기업성장이 아닌 술과 여자, 봉투라는 검은 관행으로 성장해왔다. 밤마다 접대라는 명목으로 지속되는 술자리는 우리 가정의 건전한 행복을 저해하는 요소가 될 수밖에 없었다.

기업의 검은 관행은 건전한 사회와 나라 발전에도 걸림돌이 되었다. 이는 결국 가정의 기형적인 변형으로까지 이어졌다. 계속되는 불경기로 인해 취직이 어렵게 되자, 부모로부터 독립하지 못하는 젊은 실업자들이 늘어나고 있다. 삼십대를 훌쩍 넘겨 부모를 봉양해야 할 자식들이 도리어 부모의 박봉을 빼앗아 쓰고 있는 형편이다. 젊을 때는 나라가 가난하여 밥 한 그릇을 위해 죽도록 고생한 부모들이, 이제 노년을 즐겨야 할 시기에까지 여전히 장성한 자식의 뒷바라지에서 벗어나지 못하게 된 것이다.

이렇게 된 까닭은 최근 계속된 경기침체의 탓도 있겠지만, 3D 업종의 일을 기피하려는 요즘 세태와 무관하지 않다. 요즘 젊은이들은 돈을 아무리 많이 줘도 힘들고, 더럽고, 위험한 일은 하지 않으려 하기 때문이다. 그래서 실업자 수가 급증하고 있음에도, 제조업 공장에서는 일할 사람 구하기가 어려워 기계를 돌리지 못한다는 소리가 나오는 것이다.

나는 기업과 가정은 굉장히 밀접한 관계에 있다고 생각한다. 기업이 흔들리면 가정이 흔들릴 수밖에 없고, 가정이 파괴되면 기업도 버텨나가기가 어렵다.

따라서 기업가들은 건전한 기업문화를 정착시켜 직원들이 가정을 행복하게 지켜나갈 수 있도록 배려해야 할 것이다. 이것이 기업이 해야 할 가장 근본적인 임무라고 생각한다. 기업 발전의 원동력은 튼튼한 가정이기 때문이다.

'한솥밥'으로 풀어낸 노사갈등

나무가 모여 하나의 숲을 이루는 것처럼,
사원 한 사람 한 사람이 모여서 회사를 이룬다.
그러므로 회사는 경영자의 것이 아니라 사원들의 것이다.

나는 1990년대 중반에 노사 문제로 크게
혼이 났던 경험이 있다. 그 당시 우리 회사는 어느 정도 기반을 마련
하고, 막 성장을 시작하던 때였다. 국내의 직원이 약 80여명 정도였
고, 국내외의 직원을 모두 합치면 대략 400여명이 조금 넘었다.

나는 일찌감치 국내 장사만으로는 발전에 한계가 있다고 판단하고
세계시장으로 눈을 돌렸다. 그래서 국내에 머물러있는 시간보다 해외
출장으로 보냈던 시간이 더 많았다.

파업사태가 벌어졌던 때도 나는 브라질과 중남미 방면에 우리 회사
약품을 팔기 위해 보름 정도 해외출장을 다녀오던 길이었다. 일이 뜻

대로 성사되지 않아 낙심한 마음에 피곤한 몸으로 귀국했는데 이게 웬일인가. 우리 회사 영업사원들이 요구사항을 내걸고 파업을 하고 있는 것이었다.

평소에 친동기간처럼 직원들을 진심으로 대해왔던 나에게는 큰 충격이 아닐 수 없었다. '그토록 직원들에게 정성을 쏟고 그들의 입장에서 최대한 편의를 봐주기 위해 노력했었는데, 그 결과가 고작 이것이란 말인가.' 허탈한 마음을 감출 수 없었다.

그들 중 몇 명은 대학 후배요, 몇 명은 내가 직접 학교에 부탁해서 뽑은 직원들이었고, 3년 이상 같이 근무한 사람도 있었다. 모두들 내가 정성들여 가르치고 키운 직원들이었다. 직원들에게 존경까지는 바라지 않았지만 적어도 진심은 통하리라고 생각했었다. 그런데 그렇지 않았다. 모두가 내 마음 같은 건 아니었다.

믿었던 사람들에게 배신감을 느끼고 보니 그 사실을 인정하고 받아들이기가 너무 힘들었다. 혹시 무슨 오해가 있어서 이런 일이 생긴 건 아닌가 하는 마음을 버릴 수가 없었다. 일단 서로 만나서 대화로 풀어야겠다는 생각이 들었다.

그들을 사장실로 불렀다. 그런데 그들은 이미 내가 알고 있던 그 사람들이 아니었다. 겉모습은 그대로였지만 나를 바라보는 눈빛에는 적의가 가득했다. 마치 '그들과 내가 언제 동료였던가, 처음부터 숙적이 아니었던가' 하는 착각을 일으킬 정도였다. 나는 그때 처음으로 회사 문을 닫고 싶다는 생각을 했다. 회사를 경영할 의욕도, 자신감도 한순간에 날아가 버리는 절망감을 느꼈다.

당연히 대화는 전혀 이루어지지 않았다. 그들은 요구조건만 내세웠고, 나는 단 한 가지도 들어줄 수 없다고 버텼다. 주변에서는 반반씩 양보하는 것이 어떻겠느냐는 타협안을 제시해왔지만, 나는 타협안을 결코 수용할 수 없었다.

집단행동에 밀려 요구를 하나 둘 들어주기 시작하면, 이런 일은 계속 일어난다. 사람들은 자신의 이익에 조금이라도 도움이 된다면 얼마든지 회사를 버릴 수 있게 된다. 젊은 시절, 일하고 싶어도 일자리가 없어서 애를 태웠던 경험이 있는 나로서는 그들이 일자리를 미끼로 자신의 이익을 챙기는 모습을 용납할 수 없었다.

나는 그들에게 말했다.

"여러분의 요구에 굴복해서 쫓아가는 사장이라면 어떻게 여러분의 젊은 인생을 맡기겠습니까? 나를 믿고 따를 수 없다면 빨리 다른 직장을 찾아보십시오. 월급 몇 푼 더 받으려고 젊은 꿈과 정열을 바칠 수 있는, 비전이 있는 직장을 포기하시겠습니까? 판단은 여러분이 하십시오."

나는 결국 그들의 요구조건을 단 하나도 들어주지 않은 채, 파업에 동조한 사람들에게 차후 인사 조치에 불이익을 가하지 않겠다는 단서 조항만으로 사태를 수습했다.

이는 단순히 그들의 요구를 무시한 나의 고집이 통한 것이 아니었다. 우리에게는 사원과 고용주라는 상하관계 이상의 끈끈한 '그 무엇'이 있었다. 바로 '한솥밥' 먹는 식구라는 개념이었다.

나중에 알고 보니 이 사건은 영업부 간부 중 한 명이 직원들을 선동해서 일으킨 일이었다. 그 간부는 직원들을 파업하게 하고 자신이 그것을 수습해 큰 공을 세워 보겠다는 얄팍한 꾀를 썼던 모양이다.

요즘 사람들은 전통적인 의미의 평생직장이 이제는 존재하지 않는다고 말하지만, 나는 지금도 여전히 '한솥밥' 개념으로 노사관계를 원만하게 이끌어가고 있다.

나의 아픔만이 세상의 전부인 것처럼 여기지 말고, 식구처럼 남의 아픔을 나의 아픔으로 느끼자. 상대방의 입장에 서서 상대를 이해할 수 있다면 노사도 삐걱거림 없이 화합하고 힘을 모을 수 있다는 게 나의 지론이다.

키워서 비싸게 팔아라?

> 인간은 그가 날마다 종사하고 있는 노동에서
> 그의 세계관의 기초를 찾아내지 않으면 안 된다.

얼마 전 대학을 졸업하고 취업을 준비하고 있는 젊은이들과 대화를 나누면서 나는 "어떤 경영자가 이상적이고 존경스러우냐?"고 그들에게 물었다.

그들은 "성공한 사업가는 사업을 크게 확장하고 회사의 규모를 키우는 사람이 아니다. 창업 후 코스닥에 등록시켜 주식으로 돈을 벌고 빨리 사업을 다른 사람에게 넘기는 사람이 성공한 사업가다. 그들이 우리의 우상이다."라고 했다.

나는 깜짝 놀라서 "정말 그렇게 생각하느냐?"고 되물어봤는데 "그건 당연한 생각인데 왜 물어보느냐?"고 오히려 의아해했다.

이 대화를 통해 세상이 변하고 성공의 개념도, 가치관도 바뀌어가고 있다는 생각을 갖게 됐다.

친구 중 한 명은 큰 수출기업을 경영했는데, 회사를 좋은 값에 인수하겠다고 해서 팔았다고 한다. 지금은 큰 빌딩을 사 임대수익만으로도 수천만원이 돼 골프도 치고 해외여행도 다니며 살아가니 그렇게 좋을 수가 없다고 했다. 이제 너도 웬만하면 편히 살라고 나에게 충고까지 했다.

필리핀 지사를 방문했을 때다. 예전부터 친했던 모 외국계 제약회사 사장을 만났는데 풀이 죽어있었다. 이유는 그 회사가 세계적 굴지의 제약회사였음에도, 더 큰 회사에 매각되고 합병되어 모든 직원을 해고했다고 한다. 그리고 자기도 이번 달에 해고되어 새로운 일을 찾고 있는데 나이가 많아 할 일이 마땅치 않다고 했다. 그는 우리 회사 물건을 수입해서 팔겠다고 제의를 했고, 나는 흔쾌히 승낙했다.

자본가는 이익만 있으면 주식을 팔기도 하고 사기도 해 이익을 창출하는 것이 최대 목표다. 경영이 악화된 회사 주식을 싸게 사서 잠시 경영을 호전시킨 후 비싸게 되팔아 많은 이익을 내면 훌륭한 자본가이고 명예와 부를 동시에 얻을 수 있다. 그리고 심한 경우 자신의 진짜 수입원은 부동산 등에 두고, 보여주기 위한 전시용으로 기업을 하는 경우도 있다. 그 기업은 손해만 나지 않으면 된다. 거기서는 설비투자나 직원교육 등은 그리 중요치 않은 사항이다. 그저 현상유지만하면 성공한 셈이다.

반면 사업가는 자본가와 출발 마인드가 좀 다르다. 좋은 기계를 보면 은행돈을 빌려서라도 사고 싶고, 좋은 인재를 보면 많은 봉급을 주고서라도 데려오고 싶어 한다. 그리고 또 다른 일을 자꾸 벌이려고 한다.

은행이자 날이나 봉급날이 되면 괴로움을 느끼면서도 또 다시 확장을 반복하는 사장이 많다. 가정도 소홀히 하고 건강도 소홀히 하다 어려움도 겪고, 부도가 나서 알거지가 되는 사람도 봤다. 모든 재산을 투자하고 빚까지 지며 사업하는 사람, 날밤을 훤히 지새우거나 새벽 서너 시쯤 일어나 돈 걱정, 사람 걱정하는 사람도 많다. 자기의 모든 것을 던져도 어려운 것이 사업인데 어디 한눈 팔 데가 있을까. 어디 외제차 타고 음주가무를 즐길 틈이 있을까.

나도 쉽게 살고자 하는 유혹도 받아봤고, 힘들어 한 적도 있지만 한 번도 사업을 통해 내가 해야 하는 더 높은 자기실현의 꿈을 접어 본 적은 없다. 진정한 사업가 정신은 자기희생을 바탕으로 투명성과 정직성을 가지고 고용을 증대하고 세금을 통해 이익을 사회에 환원하는 것이라고 생각한다.

아무리 물질만을 중요시하는 시대라 하더라도 이 사업가적 정신만은 어디서나 존중받았으면 하는 것이 나의 바람이다.

접대를 하기보다 서비스를 개선하라

만일 당신이 최고 수준의 일을 수행하고, 당신이 가치를 타협하지 않고,
품질을 타협하지 않고, 서비스를 타협하지 않고, 청결함을 타협하지 않는다면
경쟁하는 모든 사람들이 우리를 따라잡기 위해 노력해야 할 것이다.

나는 평생 세일즈맨으로 살아왔지만 절대로 하지 않는 것이 있다. 그것은 바로 담배와 외박, 그리고 도박이다. 나는 고스톱은 물론이고 경마, 그리고 증권까지도 일종의 도박이라고 생각한다. 요행을 바라고, 자신이 노력한 것보다 더 많이 벌려고 하는 것은 모두 도박이다. 그래서 나는 주식을 한 번도 사본 적이 없다. 증권회사 관계자들이 보면 시대에 뒤떨어진 사람이라고 비웃을지도 모른다.

영업사원은 가방만 들고 나가면 돈이 보인다. 그래서 그들은 아주 쉽게 나쁜 습관에 빠져들기도 한다. 나는 그동안 많은 영업사원이 금

전사고를 내고 불명예스럽게 퇴사하는 것을 여러번 보았다.

도대체 무엇이 부족하고 무엇이 문제인 것일까?

젊음과 정열이 있다면 영업직은 정말 많은 것을 이룰 수 있는 좋은 직업이라고 생각한다. 하지만 잘못해서 유혹에 빠지면 자기뿐만 아니라 가족과 친척에게까지 큰 피해를 줄 수 있음을 명심해야 한다.

우리 사회는 영업을 나가 상담을 시작하려면 담배부터 권하는 것이 무슨 관행처럼 되어 있다. 그럼에도 불구하고 나는 담배를 피우지 않는다. 같이 영업을 하던 선배나 후배들은 "영업을 하면서 그것이 어떻게 가능하냐?"며 의아한 듯 내게 질문을 하곤 한다. 그러면 나는 "그것은 나 자신과 약속을 했기 때문입니다."라고 대답한다.

담배뿐만 아니라 나는 술도 거의 입에 대지 않는다. 영업사원 초창기에는 술을 많이 마셨다. 일주일 내내 술을 마신 적도 있었다. 우리 사회에서는 워낙 '술접대문화'가 만연해 있기 때문에 웬만해서는 그런 사회적 분위기를 거스르기가 쉽지 않은 게 사실이다.

그 당시만 해도 나는 마음만 먹으면 뭐든지 통제할 수 있다고 생각했다. 나는 한 번도 몸을 못 가눌 만큼 술에 취해서 길에 쓰러지거나 정신을 잃은 적은 없었기 때문이다. 술도 마음먹기에 따라 얼마든지 자제할 수 있다고 자신했었다. 그러나 이건 나의 잘못된 오만이었다. 술은 잘못 습관을 들이면 아주 위험한 결과를 초래할 수 있다. 처음엔 접대를 위해 어쩔 수 없이 술을 마시지만 나중엔 술이 좋아서 2차, 3차까지 술자리를 이어가게 되고, 그것이 나중에는 중독에까지 이르게 된다. 영업사원들은 이런 습관에 빠져서 세월을 낭비하는 것이 얼마나 시간적으로, 금전적으로, 육체적으로 손해인지 나중에 뼈저리게 느끼게 될 것이다.

나는 우리 회사 영업 사원들이 여성 접대부가 있는 술집에서 접대하는 것을 금기시하고 있다. 왜냐하면 그런 접대로 매출을 올리면 당장은 회사에 이익이 되는 것처럼 보이지만 결국에는 사원들을 타락시켜 부패하게 만들고, 그 독소가 나중에는 회사 존립에까지 치명적인 타격을 입히는 경우를 많이 보아왔기 때문이다.

처음에는 영업사원들이 "사장님, 우리나라에서 그렇게 접대하지 않고 어떻게 영업합니까?"라고 반발했었다. 나는 그들에게 "이것은 회사를 위해서가 아니라 바로 당신들의 가족과 장래를 위해서"라고 설득했다. 그리고 "횟집이나 고기 집에서 맛있고 즐겁게 접대하는 것이 장기적인 안목으로 볼 때 더욱 효과적일 것"이라고 장담했다.

나의 말은 그대로 적중했다. 처음에 룸살롱이나 단란주점에서 접대를 하지 않는다고 불만을 품었던 거래처 사람들도 나중에는 그만큼 우리 회사를 더 신뢰하게 됐고, 매출에도 큰 지장이 없었다. 오히려 접대비로 지출되던 돈이 줄어들게 되고 그 돈으로 거래처에 대한 서비스를 더욱 개선할 수 있었다. 결론적으로 서로에게 모두 득이 되는 일이었다.

사실 나도 어쩔 수 없이 룸살롱에 갔던 경우가 있다. 하지만 월급쟁이들의 몇 달치 월급과 맞먹는 비싼 술값도 싫고, 또 돈의 가치를 우습게 여기는 그곳의 분위기가 마땅치 않았다. 이런 나를 융통성 없는 꽉 막힌 사람이라고 비웃겠지만 나는 유혹에 빠지지 않으려면 그 싹부터 잘라내야 한다고 생각한다.

성경 잠언을 읽다가 나는 우연히 룸살롱에 관한 아주 재미있는 구절을 발견했다. 솔로몬은 온갖 부귀영화를 누리고 많은 여인 속에서 살다간 사람이다. 잠언은 그가 모든 것을 다 겪고 나서 쓴 글이다. 잠언서 7장에 다음과 같은 내용이 있다.

"어리석은 자 중에 한 지혜 없는 자를 보았노라. 그가 거리를 지나 음녀의 골목 모퉁이로 가까이 하여 그 집쪽으로 가는데 저물 때, 황혼 때, 깊은 밤 흑암 중에라. 그 때에 기생의 옷을 입은 간교한 여인이 그를 맞으니 이 여인은 떠들며 완악하며 그 발이 집에 머물지 아니하여 어떤 때에는 거리, 어떤 때에는 광장 모퉁이마다 서서 사람을 기다리는 자라. 그 여인이 그를 붙잡고 입을 맞추며 부끄러움을 모르는 얼굴로 말하되 내가 화목제를 드려서 서원한 것을 오늘 날 갚았노라 이러므로 내가 너를 맞으려고 나와 네 얼굴을 찾다가 너를 만났도다. 내 침상에는 요와 애굽의 무늬 있는 이불을 폈고 몰약과 침향과 계피를 뿌렸노라. 오라 우리가 아침까지 흡족하게 서로 사랑하며 사랑함으로 희락하자. 남편은 집을 떠나 먼 길을 갔는데 은 주머니를 가졌은즉 보름에나 집에 돌아오리라 하여 여러 가지 고운 말로 유혹하며 입술의 호리는 말로 꾀므로 젊은이가 곧 그를 따랐으니 소가 도수장으로 가는 것 같고 미련한 자가 벌을 받으려고 쇠사슬에 매이러 가는 것과 같도다. 필경은 살이 그 간을 뚫게 되리라. 새가 빨리 그물로 들어가되 그 생명을 잃어버릴 줄을 알지 못함과 같으니라. 아들들아 내 말을 듣고 내 입의 말에 주의하라. 네 마음이 음녀의 길로 치우치지 말며 그 길에 미혹치 말지어다. 대저 그가 많은 사람을 상하여 엎드러지게 하였나니 그에게 죽은 자가 허다하니라. 그 집은 음부의 길이라 사망의 방으로 내려가느니라."

참으로 무서운 경고가 아닐 수 없다. 술 취함에도 조심하고, 금전사고도 조심하고, 외박도 조심해야 한다. 퇴폐풍토가 워낙 팽배해 있는 세대라 우리는 스스로 조심하고 살피는 것만이 르바임의 접근을 원천적으로 봉쇄하는 길이 될 것이다. 르바임이란 히브리어로 우리를 나쁜 길로 인도하여 우리의 생명을 배반하는 귀신을 뜻한다. 스스로를 건전하게 다잡는 것, 이것이 바로 우리가 가져야 할 기본이라고 믿는다.

술보다 케이크를 사라

나 하나를 건전한 인격으로 만드는 것이
우리 민족을 건전하게 만드는 유일한 길이다.

다소 극단적인 이야기지만 아프리카가 잘
살지 못하는 가장 큰 이유 중 하나는 그 나라의 문화가 타락했기 때문
이다. 아프리카의 한 나라는 로마와 전쟁을 치를 정도로 강했고, 로마
가 쌀을 수입해서 먹을 정도로 부유했다. 3000년에 이르는 긴 역사를
자랑하는 이 나라가 지금처럼 경제사정이 어려운 큰 이유는 후천성면
역결핍증(AIDS) 탓이다. 거리를 걷는 젊은 사람 몇 명 중 한 명은 반
드시 에이즈 감염자일 정도다.

동북아시아의 한 나라는 매독 환자가 많다. 그것은 그 나라의 종교
적 해탈방법이 성문화와 관련돼 있기 때문이다. 이로 인해 세계를 지

배했던 이 나라 인구가 700만명으로 줄어들었다.

이처럼 문화는 한 나라의 흥망성쇠를 좌우한다.

우리나라는 어떤가. 우리나라의 술문화를 한 번 되짚어볼 필요가 있다. 특히 문제가 되는 것은 기업에서의 술문화다. 가정불화의 한 원인이 바로 기업에서의 술접대이다. 직장인의 경우 2차, 3차에 걸쳐 술을 접대하는 일이 많아지고, 그러다 보면 그것을 더욱 즐기게 되어 가정에 소홀해지는 것이다.

나는 우리 회사 영업사원들에게 술접대를 절대 금지시켰다. 그러자 영업 사원들이 불만의 목소리를 냈다. 우리나라에서 술접대 없이는 영업이 될 수 없다는 것이 그들의 이유였다. 나는 그럴 때마다 "차라리 케이크를 사서 고객의 집에 찾아가라."고 독려한다.

술집에서 접대를 하지 않는 것이 바로 우리 회사의 기업문화다.

우리 회사의 문화는 누가 뭐래도 깨끗하고 건전하고 투명한 문화로 이끌어나갈 것이다. 그런 문화를 형성한 회사가 오랫동안 번성할 수 있기 때문이다.

그런데 이 이야기를 하면 믿는 사람이 거의 없다. 하지만 세월이 가면 알게 될 것이다. 그것이 개인, 가정, 나아가 국가를 보호하는 일이라는 것을.

30년 전만 해도 우리나라엔 취직자리가 아주 적었다. 하지만 작고 한 정주영 현대 명예회장 등 걸출한 기업가가 나와 고용을 증대시키고 기업을 발전시켜 경제성장을 이끌었다. 김우중 전 대우 회장을 비난하지만 그도 그런 인물 중 한 사람인 것은 인정해야 한다.

비단 기업뿐 아니라 나라도 마찬가지다. 문화가 썩은 나라는 틀림없이 곤경에 처하게 된다. 지금 우리나라 역시 조금씩 곪아가고 있다. 취업을 하지 못해 부모에게 의지하며 사는 청년실업자 수가 늘어나고 있다. 이것이 지금의 한국이다.

이런 시대일수록 기업가들은 사원들을 잘 관리해주고 그들이 가정을 지켜나갈 수 있도록 기업을 잘 이끌어가야 한다. 이는 기업이 해야 할 가장 근본적인 책무다.

기업은 사원에게 마땅히 해야 할 일을 가르쳐주고, 정체성을 확립해 주고, 건전한 생활 습관을 가르쳐 줘야 한다. 그래서 기업도 건전한 기업문화를 정착시켜야 한다. 이것만이 우리가 세계로 나가 일류가 되는 길이다. 좋은 문화는 바로 일류상품이다.

최고의 직원이 최고의 제품을 만든다

내부고객(직원)에 대한 서비스가 불량하면서
외부고객을 만족시킨 회사가 있다는 것은 상상할 수 없다.
고객욕구를 충족시키는 절차는 내부에서 시작된다.

유나이티드제약은 2005년 슬로건을 "가자! 가자! 초일류를 향하여!"로 정하고 모든 정책을 초일류 기업의 기준으로 잡아 실천해나갈 것을 다짐했다.

경제가 침체되고 경쟁이 심할 때는 더 공격적이고 일류 지향적인 최고의 목표를 향하지 않으면 쓰러질 수밖에 없는 것이 바로 기업이다. 나는 최고의 제품, 최고의 직원, 최고의 정책을 통해 목표를 반드시 달성해낼 것을 직원들에게 누차 강조해왔다.

직원들을 능력껏 대우해주기 위해 제약업계에서는 다소 파격적인 인센티브를 제공하기 시작했다. 이러한 정책은 직원의 노력으로 이어져 매출상승에도 절대적인 영향을 미치고 있다. 매출이 오르다보니 직원들에 대한 복지도 좋아지고, 직원들도 일하고 싶은 분위기가 형성되다보니 회사가 생동감이 느껴진다. 최고의 정책으로 최고의 직원을 만들겠다는 의지가 이제 빛을 발하고 있다.

또한, 회사는 최고의 제품을 통해 초일류 기업으로서의 도약을 꾀하고 있다. 최고의 제품을 만들기 위해 급속한 고령화에 발맞춰 수요가 급증하는 고혈압 치료제, 당뇨병 치료제 등에 대한 집중적인 연구로 신제품을 출시하고 있다.

가장 대표적인 것이 인슐린 내성 환자에게 적합하도록 디자인된 당뇨병 치료제다. 이 제품이 개발되면 급속한 매출성장의 기폭제가 될 뿐만 아니라 국내 보건산업 기술향상에도 크게 기여할 수 있을 것으로 기대된다. 이 치료제는 국내 시장규모만 700억원 선이다.

또 급성장하고 있는 치매 치료제 중에서 활성형의 약물이 가지는 불안정성을 개선하기 위해 제제학적인 기술의 도입에 힘쓰고 있다. 기존 염의 형태로 시판되고 있는 원물질에 대한 특허와 상관없는 또 다른 기술도 개발 중에 있다. 개발이 완료되면 수입 의약품에 의존하던 환자의 부담을 크게 줄일 수 있다.

이밖에도 고혈압 환자들이 가지는 복합증상을 보다 효율적으로 치료할 수 있는 제형을 가진 고혈압 치료제, 여성들을 위한 요실금 치료제, 모든 성인병의 근원인 비만을 치료하는 신규염의 비만 치료제가 개발 완료단계에 있다.

이처럼 차별화된 제네릭제품(특허보호를 받지 않는 의약품)을 만들어 국내는 물론 의약품 수출에 더욱 활력을 불어넣을 것으로 보인다.

유나이티드제약의 장점은 해외시장에 대한 판단과 인식이 정확하다는 것인데, 이처럼 기술력 있는 좋은 제품이 있다면 좀 더 강점을 발휘하게 될 것이다.

최고의 직원과 최고의 제품이 있다면 이러한 재산을 가지고 우리 제품을 사랑하는 사람들을 최고의 고객으로 만들어 주어야 한다는 것이 내 지론이다.

그래서 2004년 겨울부터 추진해온 것이 바로 '하우스 콘서트'다. 유나이티드제약은 2004년 11월부터 현재까지 30여 차례 하우스 콘서트를 열어 국내에서는 다소 생소하게 느꼈던 클래식을 회사의 고객인 의사, 약사와 그 가족들에게 들려주고 있다.

하우스 콘서트는 가정집 등 작은 공간에서 클래식 연주를 해 연주자와 청중이 가까운 거리에서 호흡할 수 있어 가장 친밀감 있는 공연이다. 국내에서는 다소 생소하지만 외국에서는 매우 보편화돼 있다.

'유나이티드 패밀리 콘서트'라는 이름의 이 공연은 국내외 저명한 연주자 30여명이 번갈아가며 연주를 펼치고 있다. 지금까지 음악회에 참석한 인원만 해도 종합 및 준 종합병원 의사진과 의원 원장, 약사 가족 등 2,500여 명에 이른다.

유나이티드 패밀리 콘서트는 고급 클래식을 추구하며 이런 문화가 사회에 뿌리내리길 바라는 마음에서 시작했다. 또 한국인의 다국적 제약 기업을 표방하는 우리 회사와 클래식 음악 사이에 공통분모를 만들어 회사의 이미지를 높이고 싶은 욕심도 있었다. 바라는 것은 최고 지성인 의사사회에 이런 문화가 정착돼 사회각층으로 파급되었으면 하는 것이다. 또 이러한 회사의 주요 고객에게 고급문화를 선사하는 것이 초일류 기업으로 가는 방향으로도 바람직할 것이다.

또 하나의 고객은 바로 거래처이다. 얼마 전 나는 거래처 사장들을 회사로 초청해 협력업체와의 공동 윤리경영을 선포하고 초일류 기업으로의 동반 성장을 꾀했다. 제조업의 경우 구매 → 제조 → 판매의 단계를 거치는데 시작단계인 구매단계에 가장 핵심적인 역할을 하고 있는 협력업체에게 그동안 감사의 뜻을 전달하고 공정한 거래를 통해 함께 성장 발전해나갈 것을 다짐했다.

그동안 회사는 대외적으로 내부적인 자체 윤리경영을 인정받았다. 이를 바탕으로 윤리경영을 외부로까지 확대할 때 윤리경영의 완성도를 높일 수 있다고 판단했다. 처음에는 긴장하고 행사에 참석한 거래처 사장들도 취지를 듣고 나니 언젠가 해야 할 것이었다며 적극 동참할 것을 알려왔다.

회사는 2003년 윤리경영 선포식을 시작으로 본격적인 윤리경영을 실천해 2004년 모범성실납세자상, 2005년 기업윤리대상을 수상하는 등의 성과를 거두었다.

거래처간의 윤리경영은 결국 거래처를 안전하게 보호하고 스스로 경쟁력을 갖추게 하는 힘의 원천이 될 것이며, 서로 도움을 주는 계기가 될 것으로 나는 확신하고 있다.

떠난 직원까지도 배려하라

> 그 사람의 과거에 어떤 잘못이 있어도
> 그것을 언제까지나 허물로 삼아서는 안 되는 것이다.
> 지나간 것을 가지고 책망을 하는 것은 너그러움이 아니다.

오른쪽 뺨을 때리면 왼쪽 뺨을 내밀고, 5리를 같이 가자고 하면 10리를 동행하라는 말이 있다. 현대인에게는 정말 미련한 생각이고 불가능한 일로 받아들여질 것이다. 특히, 비즈니스를 하는 나와는 너무나 동떨어진 이야기로 들린다. 그러나 나는 그 속에 깊은 진리가 있다는 것을 발견했다.

얼마 전 타 경쟁업체에서 우리 회사의 빈틈없는 직원관리와 철저한 교육방법을 보고 단시일에 전 부서에 걸쳐 직원 10여명을 스카우트해 간 적이 있었다. 그 결과 우리 회사는 거래선이 붕괴되고 매출에 막대한 영향을 미치고 말았다. 그래서 우리는 부당 스카우트로 상대편 회사를 검찰에 고발했다.

　그런데 곧 그 회사로 옮긴 사람의 실적이 별로 안 좋다는 이야기가 들렸고, 이것으로 인해 직장을 옮겨간 전 직원들을 해고할 가능성이 있다는 소식이 들려왔다. 이 소식을 들으니 그래도 다년간 회사에 공이 있던 직원들인데 한번의 오판으로 너무 심한 손해를 입을 것 같은 생각이 들어 나는 마음을 바꾸었다. 이왕 옮겨간 회사이니 우리 직원들을 애초에 약속한대로 대우해주고 일정기간 해고도 하지 않는다면 고소를 취하하겠다고 상대 회사에 통보했다. 더군다나 상대 회사가 다시는 스카우트을 하지 않겠다는 약속 조건은 아예 걸지도 않았다.

　그리고 나자 나는 옮겨간 직원에 대한 노여움도, 상대 회사에 대한 분노도 모두 사라지고 아주 편안한 마음으로 숙면을 취할 수 있었다. 그리고 새 기분과 밝은 마음으로 하루를 시작할 수 있었다.

　사람들이 의외라는 반응을 보이면서도 다들 잘된 결정이라고 말했다. 바보스럽지만 슬기롭게 지는 것도 나쁘지 않다는 생각이 들었다. 매번 이기는 것만 생각할 때는 내 생각이 황폐해지고 싸움만을 원하는 투사가 되는 것 같았는데 패하는 것을 배우고 나니 이것도 나름 새롭고 신선한 즐거움을 선사한다는 것을 알았다.

　요즘 젊은 사람들의 직업윤리가 너무 빠르게 변하고 있다. 나이든 나로서는 감당하기 힘든 경우도 많다. 조금만 힘들거나 타사의 보수가 약간만 좋아도 마음이 흔들린다. 그동안 공들여 잘 훈련시키고 정도 들었는데 회사를 떠난다고 하면 마음이 너무 아프다.

　지는 것, 너그러움, 남을 배려하는 마음, 이러한 말들의 의미를 한 번 더 되새겨본다. 이제 나도 그런 나이가 된 모양이다.

전적으로 맡겨야 창의력이 생긴다

부하 직원들에게 어떻게 일할 것인지 꼼꼼하게 말하지 말라.
단지 할 일이 무엇인지만 간단히 말하라.
그러면 부하 직원들의 기발한 솜씨와 능력에 놀라게 될 것이다.

        나는 무엇보다 인재 육성의 중요성을 인식하고, 사람에 대한 투자만큼은 아끼지 않는다. 그래서 외국에서 선진 기술을 많이 배울 수 있도록 직원들에게 연수기회도 될 수 있으면 많이 주려고 애를 썼다.

이렇게 공들여 인재를 육성해 놓았는데 갑작스럽게 다른 기업의 스카우트 제의를 받고 회사를 옮겨버리는 경우가 종종 있었다. 그건 회사 입장에서 볼 때 대단히 큰 손실이 아닐 수 없다. 처음 몇 번 이런 경우를 당했을 때는 배신감과 허탈감으로 한동안 무척 힘이 들었다.

그러나 나중에는 우리 회사에 꼭 필요한 사람일지라도 그만두겠다고 말하면 그냥 가도록 하고 붙잡지 않았다. 그 빈자리로 인해 우리 회사가 한동안 어려움을 겪을지라도 그들이 원하는 대로 해주었다. 그때마다 나는 "빈자리를 채울 수 있는 좋은 사람을 하나님께서 보내주십시오."라고 기도했다. 그러면 감사하게도 매번 그 전에 있던 직원보다 월등한 능력의 소유자로 그 빈자리를 채워주셨다. 그래서 지금도 우리 기업의 모토는 '교육을 중심으로 한 인재양성' 이다.

나는 똑똑하고 불성실한 사람보다 덜 똑똑하더라도 근면한 사람을 높이 평가한다.

러시아의 대 문호 톨스토이가 쓴 단편 가운데 <세 가지 의문>이라는 작품 속에는 이런 내용이 있다. "이 세상에서 제일 중요한 사람은 현재 만나고 있는 사람이며, 이 세상에서 제일 중요한 일은 최선을 다하여 선을 베푸는 일이다."

그래서 나는 '이 세상에서 제일 중요한 때 지금 만나고 있는 사람과 일에 얼마나 최선을 다하느냐' 를 인재 판단의 기준으로 삼아왔다. 경영자 입장에서 사람을 부릴 때는 그의 학력이나 능력은 이차적 문제다. 제일 중요한 것은 바로 일에 임하는 자세다.

사업하는 사람에게 있어서 아랫사람을 적재적소에 잘 활용하는 능력도 큰 자산이다. 나는 직원들에게 일을 맡길 때 '최선을 다하라' 고만 당부한다. 그 외에 어떠한 세부적인 명령도 하지 않는다. 일단 직원들에게 모든 것을 맡긴다. 그 사람이 자신의 모든 역량을 다해 열심히 일할 수 있도록 분위기를 조성해주는 것이다. 이처럼 내가 직원들에게 재량껏 일할 수 있는 기회를 주면 그들은 창의력을 발휘해 일을 처리해낸다.

윗사람이 명령하는 것만을 맹목적으로 따라하게 되면 한 사람 생각 이상의 발전은 없다. 윗사람이 미처 생각해내지 못한 새로운 발전의 가능성을 찾아내려면 직원들이 내 명령만 기다리고 있게 해서는 안 된다. 그들 스스로 할 일을 찾아낼 수 있도록 그들에게 기회를 주어야 하는 것이다.

순종하기보다 도전하라

> 행동하지 않는 자는 종종 비평가가 된다.
> 비평가가 되는 것은 쉽지만 행동하는 이가 되는 것은
> 많은 노력과 위험, 그리고 변화를 감수하는 용기를 필요로 한다.

성경에 "내 눈에 있는 들보는 보지 못하고 남의 눈에 있는 티만 본다."는 얘기가 있다. 이는 인간의 속성이 남의 약점을 지적하는 데는 적극적인 반면에 자신의 약점은 감추기에 여념이 없는 것을 꼬집은 말이다. 이처럼 서로의 약점을 들추고 비난하다 보면 개인의 약점들은 서로 충돌을 일으켜 조직의 약점으로 확대된다.

하지만 개인의 약점을 인정하고 그것을 서로 조화롭게 보완해갈 때 극대 효과를 발휘할 수 있게 된다. 마치 퍼즐 맞추기를 하듯 약점과 강점이 조합을 이뤄 조직의 능력을 최대한으로 끌어올리는 시너지 효과를 창출해낸다는 말이다.

어차피 인간은 불완전한 존재일 수밖에 없다. 그 불완전성을 인정한다면 우리의 약점을 장점으로 보완하기가 훨씬 더 수월해진다는 사실을 항상 기억해야 할 것이다.

나는 직원을 채용할 때 자신의 장점만을 지나치게 강조해서 이야기하는 사람은 뽑지 않는다. 이렇게 '잘난 한 사람'으로 인해 팀워크가 깨진다면 조직의 입장에서는 손해가 더 크다. 잘난 한 사람이 이뤄낼 수 있는 것은 극히 미비하다.

그렇다고 해서 윗사람 지시에 고분고분 잘 따르는 사람을 선택하느냐 하면 그것도 아니다. 그런 사람은 절대 윗사람 생각 이상의 창의적인 발상을 내놓지 못한다. 그냥 심부름꾼은 필요 없다. 회사를 자신의 것으로 생각하는 주인이 되어야 한다. 그래야 창의력 있는 아이템들이 생산될 수 있는 것이다.

나는 조금은 버릇없이 보이더라도 도전적인 사람을 선호한다. 자신의 약점을 당당하게 인정할 줄 아는 사람을 좋아한다. 내가 비록 이런 약점을 가지고 있지만 나는 그것을 이렇게 장점으로 바꿀 수 있다고 자신 있게 말할 수 있는 사람 말이다.

그런 자신감은 아마도 두둑한 배짱에서 나올 것이다. '배짱'이란 쓸데없는 오기가 아니라 용기와 도전정신, 힘든 상황에 처했을 때 버텨내는 힘을 이야기한다. 다시 말해 그런 힘들 가진 개성과 주관이 뚜렷한 사람이다.

직원을 채용한다는 것은 주인의 말에 무조건 순종하는 하인을 구하는 것이 아니라 21세기 무한경쟁 시대 속에서 살아남을 수 있는 전사를 뽑는 것과 같다. 어떤 상황에서든지, 누구하고든지 맞서 싸울 수 있는 전사가 필요하다. 이런 도전적인 전사의 성격을 가진 직원은 경영자 자신에게도 큰 이익을 준다. 무슨 일이든지 저돌적으로 밀어 붙이는 그로 인해 경영자는 많은 도전을 받을 것이고, 또 그것으로 많은 점들이 개선될 것임은 분명한 일이다.

영업사원에게 있어서는 이와 같은 성격이 더욱 절실하다. 소심하게 뒤로 물러서기를 좋아한다면 어떻게 철옹성 같은 거래처들을 뚫을 수 있단 말인가.

하지만 누구나 그런 도전적인 성격을 타고날 수는 없다. 특히 우리나라처럼 가정에서나 학교에서나 순종적인 교육만을 받아온 상황에서는 더욱 그렇다. 즉 부모님 말씀에 순종하고, 선생님 말씀 잘 들어야만 모범생으로 대우받는 우리네 교육환경 속에서 주관이 뚜렷한 사람으로 성장하기란 결코 쉽지 않다.

사실 우리의 억압적이고 권위주의적인 교육은 도전의식과 창의성을 길러주지 못하고 '붕어빵' 인재만을 양성하고 있는 실정이다. 그러므로 우리 자식들부터 스스로 일어설 수 있는, 자기 스스로를 책임질 수 있는 사람으로 키워가야 할 것이다. 그래야만 21세기 글로벌 경쟁 속에서 개인이든 국가든 살아남을 수 있다.

공평이 답은 아니다

> 부지런히 일하여 손에 굳은살이 박인 사람은
> 식탁의 제일 윗자리에 앉아서 따뜻한 밥을 먼저 먹을 자격이 있지만,
> 그렇지 않은 사람은 식탁의 제일 아랫자리에 앉아서
> 먹다 남은 찬밥에 맨 나중에 먹어야 한다.

2002년 한일 월드컵 4강 진입으로 큰 목돈이 축구협회에 들어왔다. 이것을 분배하는 과정에서 '선수 각자에게 골고루 나누어주자'는 안과 '공과에 따라 차등 지급하자'는 안이 핫이슈로 떠올랐다. 결국 모든 선수들에게 포상금을 균등하게 주는 쪽으로 결론이 났지만 이러한 문제는 비단 스포츠 분야에만 해당되는 것이 아니다.

연봉제 도입 이후, 임금 책정을 앞둔 각 기업체들은 각자의 능력대로 연봉을 차등 지급하는 것에 대해 어려움을 겪고 있다. 연봉제로 생산성 향상을 실현하려는 경영자 측과, 개인 화합을 위해 연공서열대

로 균등하게 주자는 안이 대립하고 있기 때문이다.

우리 회사도 연봉제를 실시하면서 많은 이견이 있었으나 최소 10% 이상의 개인별 차등을 두기로 하고 임금체결을 완료했다.

나는 연봉제의 성경적 해답을 찾고자 곰곰이 생각하던 중 달란트 (Talent, 재능) 이야기를 생각해냈다.

어느 주인이 먼 길을 떠나면서 어떤 종에게는 한 달란트를, 다른 종에게는 다섯 달란트를 맡겼다. 주인이 돌아와서 다섯 달란트를 맡긴 사람에게서 두 배의 이익을 남겼다는 보고를 받았다. 주인은 기뻐서 참으로 착한 종이라고 칭찬을 했다.

그리고 한 달란트를 맡긴 종에게 물어봤다. 그러자 그 종은 "당신은 무서운 사람이라 손해를 내면 큰일 날 것 같아서 땅에 묻었다가 지금 드립니다."라고 했다. 주인은 화가 나서 한 달란트를 가진 사람의 달란트를 빼앗아 다섯 달란트를 가진 사람에게 주었고 "악하고 게으른 종아 너는 나를 떠나라."라고 말했다.

이것이 성경 속의 달란트관이다. 사람이 범하는 죄 가운데 가장 큰 것이 아무것도 하지 않은 죄라고 한다. 왜냐하면 자신은 물론 다른 사람들에게도 아무런 이익과 편리를 주지 못하였기 때문이다. 사람은 마음에 원하는 소망을 갖고 이를 추구하고자 하는 의욕만 있다면 무엇이든 할 수 있는 능력을 소유하고 있다. 그럼에도 불구하고 스스로 자신을 제약하여 아무것도 하지 않은 사람은 곧 받은 한 달란트를 땅에 묻은 자와 다름없는 것이다.

열심히 하는 사람에게 더 많은 것을 주는 이러한 정신이 바로 막스 베버의 자본주의론이며 이는 자본주의의 경제철학이 되었다.

나는 기독교-자본주의-연봉제를 서로 상통하는 개념으로 받아들여 과감히 연봉제를 실시했다. 그러나 한 가지, 소외된 사람들의 고독과 좌절감은 내 가슴속에 꼭 남겨두었다.

개인과 회사, 같이 변해야 한다

사람은 지금과 다른 어떤 변화를 싫어하고 두려워하는 잠재의식 때문에
더 발전할 수 있는 새로운 환경 앞으로 나가지 못하고 있다.
그러나 인생은 한 자리에서 서있는 것이 아니고 앞으로 걸어가는 것이다.

　　　　　　　　　중국에 가보면 엄청난 변화가 몰려오고 있
음을 목격할 수 있다. 지금 미국이나 일본은 엄청난 잠재력을 보유하
고 있는 중국을 두려운 존재로 보고 있다. 조만간 중국에게 경제 대국
의 자리를 내주게 될지도 모른다는 염려를 하고 있는 것이다.

　사실 과거에는 중국에서 생산한 제품들 중에 엉터리가 매우 많았
다. 하지만 지금은 그렇지 않다.

　우리는 중국에서 600만원을 주고 공장 기계를 구입한 적이 있다.
똑같은 제품을 국산으로 구입하려면 3000만원 이상은 줘야 한다. 다
섯배나 비싼 가격이다. 게다가 중국산 기계는 스테인리스로 만들어졌

기 때문에 질적으로도 더 낫다. 건물을 짓기 위해 돌과 대리석을 국내 가격의 20%만 주고 중국에서 들여온 적도 있다.

제품의 품질면에서는 별 차이가 없고, 가격면에서는 월등히 차이가 나기 때문에 기업의 이익을 우선으로 생각하는 경영자 입장에서는 중국 제품을 수입할 수밖에 없다.

사람도 마찬가지다. 중국에서는 대학을 졸업한 유능한 인재를 단돈 10만원이면 얼마든지 고용할 수 있다. 따라서 우리나라 기업들은 활발하게 중국으로 진출하고 있고, 중국 현지에는 우리나라 공장이 수백여 개나 건설됐다. 일부 기업에서는 손해를 보면서까지 중국 진출을 시도하고 있는 상황이다. 중국은 인건비는 물론 모든 물가가 우리나라보다 싸기 때문에 조금만 투자해도 큰 수익을 올릴 수 있다.

이처럼 국내 투자는 줄어들고 해외 투자만 증가하다 보니 우리나라는 점점 일자리가 줄어들어 실업자가 이미 200만 명을 넘었다. 근로시간을 단축해서 일자리를 늘리자는 주장도 대두되고 있지만, 그것은 이미 경쟁력이 없다. 더군다나 노조가 강하다는 것도 국내에서의 새로운 투자를 주저하게 하는 요인이다.

문제는 회사는 살아남을 방법을 찾기 위해 변화를 거듭하고 있는데도, 개인은 전혀 변하려 하지 않는다는 것이다. '옛날이나 지금이나 다를 게 뭐 있겠는가' 하는 안일한 생각에 빠져 있는 사람이 많다.

과거에는 주어진 목표량을 달성하지 못해도 시간이 지나면 월급이 꼬박꼬박 나왔고, 능력이 없어도 연륜이 쌓이면 자연히 승진할 수 있었다. 그러나 지금은 사정이 다르다. 이제는 능력 없이 대충대충 해서는 살아남을 수 없다. 과거의 구태의연한 방법에 연연해서 변화된 환경에 적응하지 못하면 낙오자가 될 것이 분명하다.

기업의 환경이 변화한 가장 대표적인 예는 연봉제 실시라 할 수 있다. 연봉제란 실적 위주로 개인의 능력을 판단하여 1년 동안 받을 월급을 결정하는 것이다. 다시 말해 일 잘하는 사원에게는 월급을 많이 주고, 그렇지 못한 사람에게는 월급을 깎는다는 얘기다. 따라서 아무리 친분이 있어도 실적이 뒷받침되지 않는 사람에게는 좋은 평가를 해주지 않는다. 이는 공평성에 어긋난 일이기 때문이다.

이러한 능력 위주의 시스템은 점점 더 강화되어 회사에는 꼭 필요한 사람만이 남게 될 것이다. 낙하산 인사나 문어발식 경영은 결코 용납되지 않는다. 철저한 약육강식의 생존경쟁이라 인간적인 맛은 없지만, 모두가 살아남기 위해서는 어쩔 수 없는 변화이다.

이런 변화에 적응하기 위해서는 두 가지 조건을 갖춰야 한다. 첫째, 변화하는 사회에서 변화를 통해 살아남을 수 있는 회사를 만들어야 한다. 둘째, 변화한 회사 안에서 변화를 통해 살아남을 수 있는 개인이 되어야 한다.

개인이 아무리 변화에 성공한다 하더라도 변화하지 않는 회사에 속해있다면 망할 수밖에 없고, 회사가 아무리 변화를 시도해도 개인이 그 변화에 호응하지 못하면 성공할 수 없다. 결국 회사와 개인이 변화에 보조를 맞추지 못한다면 둘 다 자멸할 수밖에 없다. 따라서 뚜렷한 목표의식을 갖고 변화에 철저히 대비한다면, 개인도 발전하고 회사도 함께 발전하게 될 것이다.

기업은 여전히 배고프다

당신이 성공하고 싶다면 이미 알려진 성공하는 길을
따라가는 것보다 새로운 길을 개척해야 한다.
위대한 업적을 달성하기 위해서라면 때로는 착한 일 따위는 제쳐 두어라.

　　　　　　　　　　외국에 나가 거리에 우리나라 자동차가 다
니는 걸 보면 정말 가슴이 뿌듯하다. 삼성이나 현대 등 우리나라 기업
의 광고판이 보이면 괜히 어깨가 으쓱해지고 한국인인 것이 자랑스러
워 한번쯤 큰 기침을 해보기도 한다. 그런데 막상 한국에 돌아오면 대
기업의 세습 경영을 비판하고 기업인들이 부패했다고 손가락질하는
사람들이 많다.

　한 기업을 이끌어나간다는 것은 정말 어려운 일이다. 세계시장은
정글과 같아 조금만 방심해도 경쟁 기업들에게 잡아먹히기 십상이다.
기업들은 약육강식의 원칙에 그대로 노출되기 때문에, 가끔 등골이

오싹해지기도 한다고 이야기한다.

세계시장에서 혈투를 벌이고 있는데 한국 정부나 국민은 높은 도덕적 기준을 요구하고, 여기에 더해 각종 규제와 국제유가의 급등, 환율 하락 등 각종 난관이 산처럼 버티고 서있다. 이런 상황에서 노조가 파업이라도 하면 기업은 그야말로 사면초가(四面楚歌)에 빠진다. 더 이상 견뎌내기 어려운 극한 상황이라고 항변하는 심정도 이해가 간다.

이런 상황 속에서도 사회에 수천억에 달하는 금액을 기증하는 기업을 보면 존경심이 생긴다. 그러나 일부 학자들은 기업이 수익을 사회에 환원하는 것보다 기업을 확장하고 외국으로부터 경영권을 지켜내는 데 써야 한다고 주장하기도 한다. 고용을 늘리고 이익을 얻어 더 많은 세금을 내는 것이 장기적으로 더 효율적이라는 것이다. 물론 사회에 환원해야 한다는 의견도 있어, 전문가가 아닌 사람들로서는 무엇이 옳은 방법인지 판단하기 어렵다.

그러나 기업이 망하면 사람들은 일자리를 잃고, 이는 곧 국력 약화로 이어진다는 것은 분명한 사실이다. 기업이 사회에 가져다주는 이득은 생각하지 않고, 기업인은 부도덕하고 나쁜 사람이라는 인식을 청소년들에게 심어주고 있다. 이는 세계적인 기업인을 꿈꾸는 학생들에게서 꿈을 빼앗는 일인 동시에, 우리나라의 경제미래를 무너뜨리는 일이다.

자본주의의 근본은 경쟁에서부터 시작되는 것으로, 자본주의 사회에서 살아가는 이상 이 사실을 무시해서는 안 된다. 평등과 분배를 지나치게 강조하다보면 기업은 설 자리를 잃게 된다. 기업을, 기업가를 부정적으로 생각하는 것은 기업의 경쟁력을 약화시키고, 기업이 경쟁력을 잃으면 실업과 가난이 따라온다.

우리가 일본으로부터 해방되고, 6·25 전쟁을 겪은 것이 불과 수십 년 전이다. 그 시절의 배고픔과 좌절을 겪은 세대들은 '보릿고개' 라는 말이 주는 처참한 가난의 실상을 잘 알고 있다. 숨 돌릴 틈도 없이 급하게 돌아가는 세상이다. 한국 내에서만 생각하고 판단할 것이 아니라, 세계 속의 한국을 생각하면서 판단해야 된다는 것을 잊지 말자.

창밖엔 여관과 술집과 묘지가

공정하고 바른 데에 근거를 두었다면
자부심만큼 이익을 주는 것도 없다.

산업자원부에서 주최한 2001년 부품소재 기술개발 협약식에서 있었던 일이다. 식순에 따라 작년에 지원을 받은 성공기업 사례발표가 있었다. 그런데 한 벤처기업 사장이 발표를 하다가 목이 메어 울먹거린 후 일본에 갔던 이야기를 한다.

자기가 일본에서 신칸센을 타고 가는데 창가로 공장과 연구소 간판이 즐비하게 보였다고 한다. 그러다가 한국에서 열차를 타고 갈 때를 생각해봤다고 했다. 한국에서는 술집 간판과 여관과 묘지가 가득했다고 한다. 열차 밖의 풍경을 통해 우리와 일본의 차이점을 한눈에 보았다고 하면서 그 사장은 목이 메어 말을 이어가지 못하고 헛기침만 했다.

그리고 우리가 일본과의 무역 역조가 100억 달러 이상 나는 이유를 자동차, 전자제품은 팔지만 그 부품을 모두 수입하기 때문이라고 이야기한다. 우리가 가진 거라고는 사람(인력)밖에 없는데 요즘은 많은 젊은이들이 일하기를 싫어하고 노는 것만 좋아한다고 말하며 그는 울고 있었다.

나도 눈시울이 뜨거워지다 눈물이 쏟아져 슬그머니 자리를 옮겨 화장실로 갔다. 그런데 웬일인가. 울음이 그치질 않았다. 창피한 생각에 세수를 해도 마찬가지였다.

우리는 지금 어떤지 다시 생각해야 한다. 우리의 정신을 바로잡고 그리고 경제를 생각해야 한다. 근로자도 경영자도 국가의 장래를 생각해야지 우리 자식들에게 떳떳할 수 있다.

우선 퇴폐술집 접대문화에서 벗어나고, 건전한 소비문화를 만들어 나가야 한다. 매스컴도 선정적이고 퇴폐적인 오락프로그램을 줄이고 바른 가치관을 심어줄 수 있는 건전한 프로그램을 만들어야 한다. 교육도 이념이나 평등과 같은 정치적인 문제에서 탈피하여 바른 시민 생활에 필요한 질서, 예절, 기능, 기술 교육 중심으로 바꿔야 한다. 그리고 신기술 개발에 투자해 새로운 상품으로 세계시장에 도전해야 한다.

지금 우리는 무엇을 세계시장에 팔려고 하는가. 중국은 싼 인건비와 기술력으로 우리를 추월하려고 하고 첨단기술은 일본과 미국보다 뒤떨어진다. 이런 상태로 우리 민족이 앞으로 이 극심한 경쟁사회에서 살아남을 수 있을 것인지 한번쯤 진지하게 생각해볼 때인 것 같다.

문화와 종교로 상품을 팔아라

> 문화의 힘은 우리 자신을 행복하게 할 뿐 아니라
> 나아가서는 다른 나라도 행복하게 만들 것이다.

아프리카에서 바이어 한 사람이 찾아온 적이 있다. 그 바이어는 나이지리아에서 제법 크게 의약품판매업을 하고 있었다. 그 바이어가 운영하고 있는 회사에서는 얼마 전까지 주로 서구에서 의약품을 수입해서 팔아왔는데 이번에 거래처를 한국으로 바꿔보고 싶다는 제안을 해왔다.

그래서 우리 회사가 그를 한국에 초청해 공장을 견학시켜주고 또 시내 관광도 시켜주면서 우리나라 문화를 전반적으로 소개시켜 줬다. 그는 한국에 와서 보니 모든 것이 너무나 마음에 든다며 흡족해했다. 서구인들과 거래를 하다 보면 마치 자신들을 노예처럼 대접하고 경제적 이익만 챙기려는 속셈이 보여서 자존심이 많이 상했는데 이렇게 마음속에서 우러나오는 친절로 자신을 대해주어서 무척 감동을 받았다고 했다. 때문에 가급적이면 한국 제품을 수입하고 싶다고 말했다.

그 바이어와 커피를 마시면서 농담 한 마디를 건넸다.

"당신 나라는 이슬람 국가라서 일부다처제가 허용된다고 하던데 부인은 몇 명이나 됩니까?"

그랬더니 그가 정색하며 대답했다.

"우리나라는 기독교 국가이고, 저 역시 기독교인입니다. 부인은 단 한 명이고 성경대로 살려고 노력하고 있습니다."

이슬람교도들은 모두 변두리 지역으로 밀려났다고 그는 덧붙여 설명했다. 그와 대화를 하면서 무엇보다 내가 깜짝 놀란 것은 한국의 교회가 나이지리아 교회에 큰 영향력을 미치고 있다는 사실이었다. 또한 여의도순복음교회 조용기 목사님이 아프리카에서도 상당히 존경받는 지도자라는 사실도 알게 됐다.

그는 이렇게 말했다.

"우리나라에서는 조용기 목사님이라고 하면 세계 어느 위대한 인물보다 더 존경하고 있습니다. 또 우리 국민들은 한국에 와서 예배드리고 조 목사님 얼굴 한 번 보는 것을 일생 일대 가장 큰 영광으로 생각하고 있습니다."

그래서 나는 그 바이어와 함께 주일날 여의도순복음교회에서 예배를 드렸다. 그 바이어에게는 그것이 무척이나 인상에 깊이 남았던 모양이었다.

아프리카로 돌아가는 날 아침까지도 흥분에 들떠서 그 얘기를 했다. 그는 자신이 귀국해서 조 목사님의 설교를 직접 들었다고 하면 아마도 친구들이 믿지 않을 것이라며 너무도 자랑스러워했다. 그는 조용기 목사님이 조만간 요르단을 방문 할 것이라고 했다. 한국 사람인 나도 전혀 모르는 일을 그가 알고 있었던 것이다.

그런 바이어의 모습을 보면서 이번 상담은 결과가 아주 좋을 것 같다는 예감이 들었다. 그는 우리 회사 제품을 수입하고 싶다며 보다 많은 품목을 보내달라고 했다.

바른 문화, 바른 종교가 우리 수출의 원동력이 되고 있음을 이때 다시 깨달았다. 이런 점을 수출하는 데 잘만 이용하면 의외로 많은 득을 볼 수도 있을 것 같다는 생각이 들었다.

이밖에도 문화와 종교가 상품의 가치 향상과 거래선 확대에 있어서 직접적인 영향을 미쳤던 경험이 있었다.

앞으로 이와 같은 방향으로 더 많은 자료를 확보해서 발전시켜 볼 계획도 갖고 있다. 예를 들면 개발도상국의 바이어 중에서 기독교인을 초청해서 이태원 쇼핑뿐만 아니라 교회 예배 참석 프로그램 같은 것을 개발하면 좋을 것 같다.

이익을 보지 말고 사람과 종교를 보라

> 자신의 나라에 대해서만 알고 있는 경영자는 쓸모없는 판단을 내리게 된다.
> 대부분의 조직들은 근시안적 문화 시각을 갖고 있는 경영자를
> 더 이상 채용하지 않는다. 세계적 경영인은 타문화의 대화자이며 전파자여야 한다.

해외 첫 거래인 필리핀 수입상과의 상담 때의 일이다. 내가 아무리 우리 회사와 약에 대해 설명해도 그는 전혀 관심을 보이지 않았다. 그런데 어느 날 신문에서 "일본이 필리핀 바나나를 수입하는데, 세관 통관 때문에 일본에서 제작한 바나나 상자만 사용하도록 해 상술이 놀랍다."는 내용의 기사를 보았다. 나는 일본과 거래 중인 필리핀 거래상과 다시 대화를 시도했다. 일본의 상도의를 문제 삼고 필리핀이 6 · 25 때 한국을 도와 준 부유한 나라였다는 사실을 칭찬하자 마음을 여는 것이었다. 역사적 동질성을 찾으며 허물없는 대화를 나누는 과정에서 어느덧 거래의사가 내 쪽으로 옮겨

와 있었다.

나는 이 과정에서 많은 것을 깨달았다. 모든 사업상의 만남에서 비즈니스를 성공시키는 데만 전력을 기울이기보다는, 오히려 인간적으로 친해지려 노력하고 사업이 아닌 다른 쪽으로도 도움을 주다보니 그것이 결국 좋은 결과로 연결되곤 했다. 즉 눈앞의 이익에만 급급할 것이 아니라 멀리 보라는 것이다.

30여 개국에 수출을 하다보니 해외출장이 잦고 많은 나라를 여행하는 것이 업무의 하나가 되어버렸다. 그러다보니 여러 나라 사람들을 만나고 또 다양한 종교를 접하게 되었다.

그런데 어느 곳이든 그 나라의 문화는 종교와 반드시 연결돼 있어 그 나라의 종교와 문화에 대해 미리 연구하고 가면 현지 바이어와 상담하는 데 매우 유리하다.

특히 성경을 알아두면 문화에 대한 이해와 함께 세계시장이 눈에 들어올 것이다. 고대종교를 이해하려면 외경으로 분류된 에녹서를 한 번 읽어볼 것을 권유하고 싶다. 신약 유다서에서도 인용하고 있는 이 책은 고대종교의 발원지 역할을 하고 있다.

슈바르츠 박사와의 인연 때문에 이스라엘 출장이 많고 인근에 있는 이집트, 요르단 등 중동지역에도 자주 갔다. 지사도 세우고 공장도 설립하기 위한 것이었는데 특히 이스라엘에 오래 머무르곤 했다. 나는 유대인에 대해 궁금한 것이 많았다.

'그 무엇이 세계 경제를 주름잡고 그 많은 노벨상 수상자를 배출했으며, 미국의 언론과 대학을 장악하고 있는가' 하는 궁금증이었다. 그

궁금증을 풀기 위해 이스라엘 거래처 친구들과 자주 대화했다. 의외로 그들의 마음속에는 불안감, 긴박감, 종교관이 함께 공존하고 있었다. 그중 제일 중요한 것은 주변의 적들과 싸우려는 민족의 동질성을 확인하고 동족끼리 신뢰하며 협력해야겠다는 강한 의지였다.

유대인 하면 우리는 언뜻 백인을 생각하게 되는데 그것은 대단히 잘못된 것이다. 유대인은 흑인도 있고 아랍계, 러시아계, 아시아계 등 피부 색깔은 그야말로 각양각색이다. 그렇기에 그들은 유대인이라는 동질감을 정신에서 찾는 것이다.

이스라엘에서 흑인, 백인, 황인 모두가 섞인 이스라엘의 젊은 남녀 군인들을 만났다. 남녀 차별이 없는 그들은 틈만 나면 둥그렇게 모여서 이스라엘 민속춤을 추며 그들의 동질성을 확인했다. 그리고 조국의 안보를 걱정했다. 이러한 군대생활이 바로 그들의 이질적인 문화를 하나로 만들어주는 공통분모의 역할을 하는 것이었다.

그 바탕에는 어릴 때부터 그들의 경전인 탈무드를 자식들에게 철저히 가르치려는 유대인 어머니의 노력이 있었다. 또한 성경을 통해 그들은 민족을 알고 하나님의 살아 계심을 알고 특히 세계를 장악할 수 있는 지혜를 배우고 있었다. 하나님의 지혜는 모두 성경에 기록되어 있고, 유대인 여자들은 그것을 자식들에게 전수하여 세계적인 석학과 경제인들을 만들어내고 있는 것이다.

이런 상황에서 종교와 그 나라의 문화를 이해하지 못하고 세계로 뻗어나간다는 것은 어불성설이다.

욕심을 버리고 사람을 남겨라

> 이윤은 기업의 존속을 위한 필요조건이긴 하지만 궁극의 목적일 수는 없다.
> 기업의 궁극적인 목적은 훌륭한 인간을 만들어 내는 일이다.

"회사는 사람이다. 사람은 지식과 열정과 신뢰이다. 서로 아끼고 가꾸자!"

2004년 우리 회사의 슬로건이다.

나는 앞에서 목표를 확실히 세우고 불굴의 도전정신으로 전진하는 것만이 성공의 지름길이라고 언급한 바 있다. 하지만 여기서 전제되어야 할 것이 하나 있다. 그것은 바로 목표를 이끄는 인간의 존재다. 다시 말해 목표를 세우고 그것을 이끌어나가는 주체는 반드시 인간이어야 한다는 것이다.

자칫 잘못하면 인간은 없고 목표와 그것을 이루고자 하는 욕망만이 남을 수 있다. 우리가 욕망에 지나치게 집착하면 그 속에 매몰될 수밖에 없다는 사실을 기억해야 할 것이다. 즉 욕망에 집착하게 되면 그로 인해 눈이 멀게 된다. 과도한 집착은 모든 기회를 볼 수 없게 만든다. 이로써 우리 마음속에 불안의 싹이 자라나게 된다. 만약 내가 목표한 그 자리에 오르지 못한다면, 생각했던 것만큼 돈을 벌지 못한다면, 내가 그토록 갈망하는 회사를 만드는 데 실패한다면, 인생이 완전히 끝나버릴 것처럼 불안하다.

그렇지만 욕망 그 자체는 나쁜 것이 아니다. 목표는 분명 가치가 있고, 그 목표를 향해 전진할 때는 불굴의 정신으로 도전해야 한다.

그러나 목표를 실현하기 위해 나 자신, 즉 인간을 잃어버리면 모든 것을 잃는 것과 마찬가지다. 도를 넘는 욕망은 인간을 이기적으로 만든다. 욕망에 눈이 먼 사람은 자신의 행동이 다른 사람들, 즉 가족과 친구와 이웃 그리고 동료들에게 어떤 영향을 미치게 될지 전혀 고려하지 않는다. 오로지 자신의 목표를 위해 남을 해치는 것도 정당화 된다. 하지만 그렇게 성취된 목표로는 인간을 행복하게 할 수 없다. 우리가 행복한 성공을 얻으려면 보다 확실한 목표를 세우되 그것을 실현함에 있어서는 지나친 욕망을 버리고 마음을 비워야 한다. 그러면 거기에 사람이 보일 것이다.

그런데 나의 이와 같은 인간 중심적 목표론으로 인해 그동안 우리 회사가 덤핑을 방조해왔다는 오해 아닌 오해를 받은 적이 있다. 이는 옛날부터 잘 알고 지내던 도매상 친구가 싸게 덤핑을 해놓고 물건을 달라고 하면 정에 이끌려서 그것을 단호하게 끊어버리지 못했기 때문이다. 그러다보니 때에 따라서는 덤핑 방조범이 되기도 했다. 하지만 여기에는 내가 욕심을 버리고 손해를 보면서까지 상대방을 배려하면 나중에 보상받을 것이라는 인간에 대한 기본적인 믿음이 있었기 때문이다.

누군가 이런 말을 했다. 인생은 부메랑과 같은 것이라고.

"한 되짜리 그릇을 가져가서 한 말의 물을 길어 올 수는 없다. 찡그린 얼굴을 내밀고서야 어찌 이웃에게 따뜻한 미소를 기대하겠는가? 퉁명스러운 물음을 던지고 어떻게 부드러운 대답이 돌아오길 바라겠는가?"

베푼 것은 돌아오게 마련이다. 내가 상대방에게 이익을 주었다면 그들 역시 언젠가는 나에게 그만큼의 이익으로 되돌려줄 것이다. 즉 심은 대로 거둔다는 얘기다.

영국의 구세군 창설자 W. 부드는 그의 자서전에서 "어떤 사람의 야망은 문예에 있고, 어떤 사람의 야망은 명예에 있고, 어떤 사람의 야망은 황금에 있다. 그러나 나의 야망은 사람에 있다."고 했다. 내가 여기서 강조하고 싶은 것은 인간이 없는 성공은 가치가 없다는 사실이다.

한국인이 주인인 다국적 기업을 만드는 것이 내 목표다. 하지만 거기에 내가 없고, 내 가족이 없고, 내 이웃이 없고, 내 동료가 없다면 그 기업은 무가치할 수밖에 없다. 돈을 버는 것만이 전부가 아니다. 돈도 좋지만 인간적인 냄새를 맡으면서 일하고 싶다. 일을 즐기며 하고 싶다. 나는 나와 거래하는 모든 사람들에게 서로 이익을 나눌 수 있는 사람으로 기억되고 싶다. 한없는 우정을 가지고 절대로 상대방의 마음을 아프게 하지 않고 배신을 모르는 선량한 이웃으로 말이다.

우리가 지닌 각각의 계좌에 항상 플러스로 적립될 때 거기에는 신뢰가 쌓이고, 행복이 쌓이고 결국에는 나의 목표를 성취할 성공이 쌓이게 될 것이다.

이런 인간적인 관계가 내가 영업은 물론 사업을 하면서 어려움을 겪을 때마다 힘을 주었고 외로움과 고독에서 벗어날 수 있는 원동력이 됐다.

세계 제약시장을 석권하겠다는 결심

> 만약 당신이 광범위하고 지속될 수 있는 가치를 이루려 한다면 담대해져라.
> 누가 금세 성취할 수 있는 꿈꾸기를 원하는가?

우리 회사는 제약업계 최초로 미국에 공장을 설립했다. 이 과정에도 경영이념인 불굴의 개척정신을 유감없이 발휘했다. 그 노하우를 여기 소개하고자 한다.

미국에서 FDA(미국식품의약청)의 허가를 받아 공장을 짓고 의약품을 생산하는 것은 생각보다 어려운 일이다. 그래서 처음에는 미국 주정부로부터 대지와 공장을 싼값에 구입하고 내부 시설만 제약공장으로 바꾸는 작업에 들어갔다.

GMP(의약품제조 및 품질관리기준)에 맞는 공장 시설을 갖추려고 하니 건축법도 모르고 약사법도 모르는 상태에서 시작하는 그 막막한 심정을 표현할 길이 없었다. 그래서 결국 미국의 설계회사에 견적을 뽑아달라고 했고, 관계자 두명이 한국에까지 직접 와서 알려주었다. 그래서 나는 미국 사람들의 친절함에 감격했다. 그런데 막상 견적을 받아보니 100만 달러 정도가 되었다. 우리 돈으로 13억 정도가 설계비라고 했다. 나는 또 한번 감격했다. 나를 아주 부자로 아는 것 같아서였다.

그래서 우리는 한국 업자를 선정해 그 견적을 토대로 현황을 가르쳐준 후 미국에 동행해서 미국 법을 같이 연구하여 일단 우리식으로 설계도면을 만들었다. 아주 싼 가격이었다.

그리고 그때부터 더 많은 절약 방안을 찾기 시작했다. 우선 컨설팅 회사를 찾아가 자문을 받고 조그만 건설회사를 찾아서 "건설은 우리가 할 테니 당신들은 허가 도장만 찍어주시오."라고 제의했다. 처음에는 우리를 미친 놈 취급하던 그들이었지만 결국 설득을 당했다. 그렇게 하니 처음의 100만 달러짜리 견적이 40만 달러 정도로 대폭 절감 되었다.

하지만 이로써 끝난 것이 아니었다. 이제는 다 마무리되는가 싶었더니 실제 공사를 하는데 또 1,000만 달러가 들어간다는 견적이 나온 것이다. 그래서 한 일년 동안을 밀고 당기는 실랑이를 한 결과 우리가 법적절차를 밟아주고 면허를 받아주는 직영처리를 통해 결국 200만 달러에 공사를 완공했다.

공장이 건설된 앨라배마 주의 루번 시장이 깜짝 놀랐다. 날림공사를 한 줄 알고 있었는지 실제 공장을 둘러보더니 너무 반듯하게 잘 지어서 놀란 것이다.

앞으로 우리는 또 한 번 그를 놀라게 하고 싶다. 루번 시에 있는 공장이 미국뿐만 아니라 세계 제약시장을 석권하는 거대 기업으로 변모시켜서 말이다. 그래서 한국인이 주인인 다국적 제약기업이 미국인의 가슴속에 존경받는 기업으로 남아있게 하고 싶다. 이것이 바로 내가 미국에 공장을 세운 이유 중의 하나다.

필리핀 제약 산업의 교훈

당장의 실적에만 지나치게 집착하는 것은
거대한 변화의 물결을 읽어내는 데 있어서는 그다지 도움이 되질 않는다.
변화를 예측하는 원리는 날씨와 비즈니스가 같다.
일과 중 적어도 30분은 주변을 돌아보면서 회사 분위기의 변화를 느껴보자.

내가 제약회사 영업사원을 시작하던 70년대 초, 필리핀은 세계 제약산업의 선두주자였다. 많은 필리핀 사람들이 다국적 제약회사의 한국 지사장은 물론 사우디, 중남미, 동남아 등의 영업 및 마케팅 책임자 또는 생산 책임자로 일했다. 우리 봉급이 5만원 정도였을 때 그들은 500만원 이상 받는 부러움의 대상이었다. 그때는 정말 필리핀 매니저와 같이 되는 것이 꿈이었다.

그들은 영어를 잘했고, 좋은 약학대학이 많아 뛰어난 인재를 길러내었다. 또한 많은 국내 제약회사 및 다국적 기업이 필리핀에 몰려있어 제약산업이 꽃을 피우고 있었다. 지금도 필리핀에 가면 60대의 국제 마케터 출신이 많아 화려했던 옛날 자랑을 하는 사람을 쉽게 만날 수 있다.

그러나 지금은 제약산업이 거의 폐허로 변했다. 다만 몇 개의 국내 회사가 있을 뿐, 모든 의약품은 수입에 의존하고 있다. 그래서 약값이 터무니없이 비싸다.

그들의 대졸 초임이 20만원 정도인데 약값은 한국보다 비싸다. 그 화려했던 의약품 강국 필리핀이 지금은 약값이 비싸서 진료다운 진료도 받지 못하고 죽어가는 사람이 적지 않다고 한다. 필리핀의 쇠락을 보면서 정말 무상함을 느꼈다.

필리핀에는 지금도 약학대학은 세계 100위권의 좋은 약학대학이 많고 연간 배출 약사수도 2,000명쯤 된다고 한다. 좋은 인력은 넘치는데 고용할 곳이 없어 문제다.

이유는 몇 가지가 있다.

첫째, 제약산업이 번창할 때 필리핀 정부는 더 좋은 약을 만들기 위해 생산 및 품질관리제도를 미국 FDA 기준에 맞게 고쳐서 철저한 관리를 시작했다. 제약회사가 많다보니 줄일 필요가 있어서였다.

미국에서 공부한 인재들을 영입하고 철저한 품질관리, 시설관리, 생산관리를 하니 처음에는 성공적이라고 생각했으나 새로운 시설과 인력이 많이 필요하게 되었다. 그러나 제약회사 인력이 빨리 양성되지 않자 정부로부터 처벌과 제재가 가해졌다. 기업은 그 기준에 따라가지 못해 점점 생산성이 악화되었고 도산이 줄을 이었다. 새로이 제약업을 시작하려는 기업도 하나, 둘 없어지기 시작했다.

그런 와중에서도 정부는 외국기업은 아직도 기준보다 높으니 걱정

없다고 생각했던 모양이다. 하지만 국내기업이 없어지니 숙련 기술자가 적어지고 전반적인 관련 산업이 자동적으로 줄어들어 생산비가 올라가는 등 여러 가지 문제에 당면한 것이다.

두번째 문제는 70년대 후반부터 시작된 강력한 노동운동이었다. 강성노조의 임금 투쟁과 파업이 늘게 되고 사회 불안이 가중되기 시작했다. 그래서 외국 다국적 기업이 인근의 인도네시아, 싱가폴 등지로 떠나고 필리핀 제약산업의 기조가 차츰 붕괴되기 시작한 것이다. 외국기업도 떠나고 국내기업은 몇 개만 있으니 약사들의 취직자리가 없어졌다.

더 문제가 된 것은 약국개업이었다. 이미 유통구조는 다국적 회사와 큰 체인 약국에서 독점해 버리다시피 했기 때문에 약사들의 약국개업은 날이 갈수록 어려워졌다.

몇년 전 우리 회사에서 필리핀 약사 네명을 고용한 적이 있다. 한국에서는 품질관리 및 제조 기술을 3년간 교육했으니 이제는 필리핀 제약산업에 큰 일꾼이 되리라고 생각했다. 교육이 끝난 후 그들이 귀국했는데 연락이 왔다. 제약회사가 없어져 취직할 곳이 없으니 우리 필리핀 지사에 입사 시켜달라는 내용이었다. 그래서 그 중 한 명을 필리핀 지사에 고용했다.

높은 수준의 관리와 규제는 국민보건에 정말 중요한 일이다. 선진국의 규정에 맞게 법규를 고쳐 가는 것도 중요한 일이지만, 나무만 보고 숲을 보지 못하는 규제와 관리가 정말 국민보건 향상에 도움이 되는지는 다시 생각해볼 문제이다.

앞으로 세계 경제는 BT(생명기술) 산업과 IT(정보기술) 산업이라는 양대 축에 의해 움직이게 될 것이다. 특히, BT산업의 꽃은 제약산업이다. 이 제약산업이 발전해야 세계적인 기술을 가진 줄기세포 연구도 산업화되어 국가 경쟁력을 높일 수 있다.

바로 제약산업이 앞으로 수십 년간 국가를 먹여 살릴 산업이다. 이를 어떻게 활성화시키고 발전시키느냐 하는 문제는 국가대계의 관건이다. 이제 우리는 국민보건과 BT 산업 발전이라는 양대 문제를 동시에 해결해야 한다고 생각한다.

큰 안목으로 이를 해결할 전문 공무원을 양성하는 것 또한 중요한 문제이다. 이들에게 더 많은 문물을 경험하게 하고 해외 유학과 해외 출장, 연수 교육 등의 투자가 필요하다.

해외의 FDA 관련자들과의 교류 또한 중요하다. 특히, 제도와 경쟁력을 키울 수 있는 정책을 개발할 수 있는 역량 있는 인재 발굴 또한 중요한 일이다. 모든 일은 사람이 하는 것이다.

'인재 강국, BT 강국 코리아'는 관련 산업과 국가 공무원, 학계가 힘을 합쳐서 꼭 이루어내야 한다.

한국을 벗어나 세계로 도약하라

> 늘 원대한 포부가 나를 인도하고, 깊은 사상이 나의 행동을 인도해야 한다.
> 조그마한 목전의 감정이 내 마음을 지배하고 얕은 생각이
> 나의 행동을 명령하지 않도록 해야 한다.

모든 산업의 국내시장 규모는 1%, 해외시장은 99%다. 좁은 한국 시장에서 국내 제약회사들끼리 아웅다웅 하는 것은 낭비라는 것이 내 생각이다. 특히 요즘처럼 어려운 때일수록 더더욱 해외시장에서 그 해법을 찾아내야 한다.

한국유나이티드제약은 30여개 나라에 100여 가지 품목을 수출하고 있다. 2004년 해외 부문 실적이 전체 매출액의 23%를 차지했다. 미국 앨라배마, 베트남 호치민 등 두곳에 해외공장을 마련, 열심히 가동하고 있다. 2006년에는 이집트 카이로에 의약품 생산공장을 완공했다. 이제 한국의 간판을 달고 다국적 기업으로 발돋움하고 있는 셈이다.

나는 한국외국어대 무역학과를 졸업한 후 제약업과 인연을 맺었고, 10여 년간 영업현장을 발로 누비며 경험과 인맥이라는 무형의 재산을 쌓아 의약품 수입회사를 설립, 직접 사업에 나섰다. 영업사원 시절에 신뢰를 쌓았던 인맥들이 의약품 수입회사의 든든한 고객이 됐다. 이 사업을 통해 모은 자금으로 지난 1987년 락희 제약을 인수했다. 그런 다음 한국유나이티드제약으로 이름을 바꿨다.

처음에는 외국에서 항암제를 수입해 팔았다. 돈이 되는 사업이긴 했지만 만족할 수가 없었다. 해외에서 인삼의 인기가 높다는 점에 착안, 인삼 성분을 함유한 피로회복제를 개발하기로 마음먹었다. 그래서 개발한 제품이 바로 '홈타민' 이다. 홈타민 발매를 계기로 동남아 시장 공략에 나섰다.

그 중심기지로 베트남을 택했다. 그 이유는 시장 개척단으로 베트남을 방문했을 때, 사회주의 국가이면서도 역동적으로 성장하고 있는 것을 눈으로 직접 확인했기 때문이다. 베트남에서 홈타민은 큰 인기를 끌었다.

1993년 첫 수출된 이래 TV 광고 등을 통한 적극적인 마케팅에 힘입어 수출이 크게 늘어나기 시작했다. 1995년 92만 달러에서 1998년에는 290만 달러로 늘어났다. 도전은 멈추지 않았다. 2004년 베트남 호치민 인근 빙증성에 600만 달러를 투자해 현지공장을 건설했다.

이 공장에서 생산된 홈타민 등의 약품은 현재 필리핀, 미얀마, 나이지리아 등 20여 개국으로 수출되고 있다. 동남아를 중심으로 수출지역이 더욱 늘어날 것으로 보인다.

미국 앨라배마 주의 현지공장에서는 건강기능 식품을 생산, 미국

및 중남미를 공략하고 있다. 또한 의약품 공장을 건설해 턴키베이스(Turn Key Base, 일괄수주계약)로 수출할 예정이다. 현재 공사가 진행 중인 이집트 카이로 공장이 그 첫 사례가 될 전망이다.

이번 프로젝트를 통해 의약품 공장 및 설비, 제조기술 등을 한꺼번에 이집트 측에 넘길 계획이다. 중동, 아프리카의 3개국과도 의약품 공장을 턴키베이스로 수출하는 방안을 협의하고 있다.

유나이티드제약은 연구개발에도 남다른 관심을 쏟고 있다. 수년간 제약업체 최상위권 수준인 매출액 대비 평균 6~7%대의 연구개발비를 꾸준히 투자해 2004년 산업자원부로부터 우수 제조기술연구센터로 지정되는 등 연구개발 능력과 제품의 우수성도 공인받았다.

모든 씨는 뿌려놓았다. 이제 수확만이 남았다.

로열티를 지불하지 않는 회사

> 다국적 기업은 국경을 넘은 순수한 경제권을 만들어내고,
> 게다가 국가의 주권과 현지 문화를 존중하는, 현존하는 유일한 기구이다.

　　　　　　　　　　그 먼 앨라배마에 공장을 짓게 된 이유는
간단하다. 이제 세계 경제질서는 미국을 중심으로 이루어진다. 우리
회사가 30여개 나라에 완제품을 수출하고 있으나 이 시장은 세계 의
약품 시장의 10%에 불과하다.

　세계 의약품 시장이 600조원 정도이고 한국이 6조원 정도를 차지
한다. 한국은 세계시장의 1%에 불과하고 동남아, 중남미 강국을 모두
합쳐도 20% 미만이다.

　세계 주요시장은 바로 미국, 유럽, 일본, 동구권인데 이들 나라는
모두 한국산 제품은 사주지 않는다. 그리고 자기네들 제품만을 사고

판다. 그래서 미국에 공장을 세워 'MADE IN U.S.A' 제품으로 이들 나라를 공략하려고 미국에 공장을 세운 것이다.

성경은 장막의 끈을 넓게 칠 것을 가르친다. 이스라엘의 인구는 700만 명이 채 안 되는데도 모든 기업은 세계로 나간다. 그 작은 시장에서는 도저히 살아남지 못하니 어느 정도 기업이 커지면 무조건 해외로 나가서 큰 장사를 한다.

그래서 나는 창업 초기부터 세계로 시장을 넓혀 나가겠다고 생각하고 노력한 결과 현재 1,000만 달러 수출을 달성했고, 세계를 대상으로 판매하고 있다. 앞으로 반드시 한국인이 주인인 다국적 제약회사로 만들 것이다.

사실 지금까지 한국의 제약회사들은 외국에서 원료와 상품을 가지고 와서 로열티를 주고 국내 장사에만 매달렸다. 그래서 옵션에 묶여 외국으로 수출도 못하고 비슷한 제품도 개발하지 못한다.

또한 외국에 의존하다 보니 개발과 마케팅에 뒤져 자동차나 건설과 같이 세계적인 기업이 나오지 못했다. 우리 회사는 그것을 부끄럽게 생각하고 우리가 직접 연구개발해서 원료를 만들고 완제품을 직접 생산하여 세계로 수출하는 정책을 써 로열티를 한푼도 외국에 주지 않는 기업이 되었다.

이러한 지혜는 성경에서 얻은 것이다. 솔로몬이 구한 것은 장수나 금은보화가 아니고 바로 지혜였다. 그러자 지혜와 더불어 물질의 복도 함께 주신 것이다. 이 지혜를 성경을 통해 알게 되었을 때 그 기쁨은 사업하는 재미보다 훨씬 더했다. 그래서 나는 성경을 재미있게 읽고 있으며 이를 통해 즐거움을 느끼며 살고 있다.

나는 나의 모든 사고가 성경 안에서 이루어지기를 원한다. 그리고 성경이 모든 일의 판단 기준이 된다면 내 삶은 정말 올바른 길로 가고 있다고 생각한다.

나는 경제적인 이익 때문에, 또는 어떤 체면이나 염려 때문에 성경 대로 살지 못하는 것을 알고 있다. 아무리 노력해도 자꾸 잘못 가고 있는 나를 발견할 때는 나 자신이 실망스러울 때가 많다.

그리고 아집과 완고함이 생각과 행동을 다르게 할 때도 많다. 그래서 나는 넓은 생각을 가지고 장막의 끈을 넓게 친 후 조그만 샘물에서 출발하여 강에 이르듯 드넓은 바다로 나가고자 한다. 이것이 우리 회사가 추구하는 한국인이 주인인 다국적 기업의 방향이다.

위기가 바로 기회다

'위기(危機)'라는 단어를 한자로 적으면 두 가지 뜻으로 이루어져 있다.
하나는 '위험(危險)하다'는 뜻이고, 또 하나는 '기회(機會)'라는 뜻이다.

의약분업 당시 한국 기업 대부분은 경영난에 허덕이고 있었음에도 불구하고 외국 제약회사들은 많은 성장을 했다. 이것은 모두 예측된 상황이다.

한국 기업은 독자 개발한 신약이 거의 없고 모두 가격이 저렴한 약들뿐이다. 신약을 개발하려면 최소 10년 이상의 세월과 수천억 정도의 예산이 소요되지만 한국 기업 중 제일 외형이 크다고 하는 업체의 연간 매출이 5,000억 정도밖에 되지 않으니 신약개발은 사실상 불가능한 상태다.

또한 외국기업의 통상압력도 대단해서 정부 정책도 외국기업에 우호적일 수밖에 없고 특히 의사들도 의약 분업 이후 오리지널이라는 외국회사 제품을 선호해 한국 제약산업은 계속되는 적자로 도산 위기에 있다.

미국과 일본, 유럽을 제외하고 제약산업이 살아남은 나라는 거의 없다. 모두 외국 제약사에 밀려서 대개 망한 상태이고 만드는 약은 아주 기초적인 약물에 불과하다.

약값도 아주 비싸 아프리카에서의 약값이 유럽보다 비싸다. 필리핀, 베트남도 마찬가지로 유럽보다 비싸다. 국민소득은 천 분의 일도 안 되는데 말이다. 그것은 자국의 제약업이 망해 약값이 수십 배로 뛰었기 때문이다.

우리나라도 토종기업이 없어지면 비싼 약값 때문에 서민들이 어려움을 겪을 것은 불 보듯 뻔하다.

비슷한 성분의 약인데 오리지널 특허품이라는 이유로 몇 배에서 몇십 배 비싼 약들이 많다. 이런 상태라면 의료 재정적자는 어떤 방법으로도 해결하지 못할 것이다.

이런 가운데 우리 회사는 꾸준히 성장했다. 우리 회사는 지금 세계 30여개 나라에 의약품을 수출하고 있다. 그것은 IMF 체제 때 성장의 씨를 뿌린 결과이다. 모두 어려워 급여를 줄이고 직원을 해고할 때 우리 회사는 오히려 새로운 설비투자를 하였고 직원 급여도 더 인상하였으며, 한명의 직원도 해고하지 않았다. 또한 직장을 잃게 된 유능한 연구원들을 끌어들여 연구소를 더욱 보강하였다.

그래서 그때 연구한 물 없이 먹는 효과 빠른 진통제 알카펜이 1999년 D.D.S.(약물전달체계) 상을 받았고 많은 원료합성품목의 특허를 받았다. 그래서 미국 공장을 비롯, 원료합성공장, 유통회사인 유나이티드 인터팜사를 운영하며 전자상거래와 전산망 구축을 완료하였다. 그 덕분에 의약분업이라는 소용돌이에서 무난히 성장할 수 있었던 것이다. 수출 또한 환율이 오르니 경쟁력이 증가하여 어려움 속에서도 1,000만 달러를 달성하였다.

　나는 지금 이 시기를 대변혁의 시기로 보며 우리가 성장할 가장 좋은 때로 보고 있다. 이때를 놓치면 기회가 다시 오지 않는다고 생각하고 직원들을 독려하고 있다. 가장 어렵다고 생각하는 시기가 바로 가장 성장할 수 있는 기회라고 생각한다.

Run Together

　　　　　신입사원 면접을 보면서 재미난 이야기도 많
지만 가슴 뭉클하고 씁쓸한 느낌도 많이 받게 된다.
　나는 면접을 볼 때 꼭 가정환경에 대해 물어본다. 아버님은 무얼 하
시는지 식구들은 어떻고 생활은 어떠한지. 대개 아버지의 연세는 50
대 전후이고 본인은 장남, 동생은 대학을 다니는 경우가 많다. 아버지
의 직업에 대해 물으면 이제 정년퇴직하시고 지금은 소일하고 계신다
고 말하는 경우가 대부분이다. 혹은 병환 중에 계시는 분들도 있다.
내가 대학 동창회에 나가면 직장 가지고 있는 친구가 거의 없는데, 지
원자들의 아버지는 아마 그 또래일 것이다.

"생활은 어떻게 하나?"는 질문에도 여러 상황들이 쏟아져 나온다.

이때 아버지 연금과 집세를 받아 생활한다고 대답하는 친구는 좀 여유로워 보였다. 그러나 어머니가 식당일 한다고 하면 내 가슴이 무척 무거운 생각이 든다. 그래서 "꼭 취직해야겠네."하면 젊은 친구의 눈망울이 약간 충혈되는 것을 마음으로 읽게 된다. 그래도 당당하게 "네 맞습니다. 사귀는 여자 친구도 있고요. 금년 가을엔 취직해서 결혼해야 합니다."라고 이야기하면 대견한 마음도 든다.

이력서가 보통 1,000여 통 정도 들어오는데 정작 30명 정도도 못 뽑는다는 것을 생각하면 나 자신도 우울해진다. 그 모습이 나의 35년 전 모습과 너무 똑같다는 생각이 들기 때문이다.

70년대는 정말 취직자리가 없었다. ROTC를 제대하고 이력서 20여 통을 넣어서 취직한 곳이 제약회사 영업사원이었다. 그때도 수백 대 일 정도의 경쟁을 뚫고 들어갔으나 그 당시 영업사원을 외판원이라고 해서 대접받지 못했고, 은행이나 대기업에 들어간 동창들을 보면 창피해하곤 했다. 예전의 나와 똑같은 입장에 있는 젊은이들이라 정말 마음에 애착이 가는 것이 바로 면접이다.

그런데 내가 정말 암담하게 느낀 것은 정년퇴직한 내 또래의 아버지가 더 이상 자기 자식을 경제적으로 부양할 수 없다는 것이다. 그래서 그들은 꼭 취직해서 아버지를 대신해 가족과 자신의 미래를 개척해야 한다고 이야기한다. 그러나 취직자리는 적고 계속해서 취직시험을 보러 다녀야 하는 현실이 너무 받아들이기 어렵다는 이야기를 들을 때는 가슴이 많이 아팠다.

얼마 전까지만 해도 회사를 골라서 면접을 보았다고 이야기하는 선배들이 있었는데 요즘은 취업이 무척 힘들다고 한다. 이런 목소리를 들으면서 나는 내가 해야 될 일을 찾은 느낌이 든다.

요즘 친구들 모임에 가면 직업 이야기가 자주 나온다. 은행 지점장으로 명예 퇴직한 친구는 자신이 취직할 때는 은행원이면 최고의 직장이라 장가가기도 쉬웠는데 지금 보니 교수가 최고의 직장이라고 말한다. 교수는 월급이 조금 적어서 그렇지, 아버지가 물려준 재산만 있으면 최고의 직업이라고 아직 정년이 안 된 교수 친구를 부러워한다. 그러면 교수 친구는 그 친구대로 "박봉에 마누라한테 구박받는 것이 어떤 건지 너는 모른다."고 한다.

나에게는 기업을 하고 있어 명예와 돈을 모두 가지고 있으니 정말 부럽다고 한다. 나는 "요즘 생산업을 한다는 것이 얼마나 어려운 일인지 너희들은 모른다." 고 말한다. 돈 걱정, 사원 걱정, 건강 걱정, 정말 힘든 때가 너무 많다. 그렇다고 사업한다고 어디 존경이나 받기를 하나. 우리 사회도 이제 경영인들에게 마음의 배려를 해줘야 한다는 생각이 들었다. 단순히 가진 자로만 경영인을 보지 말라고 부탁하고 싶다. 투명경영 안 하면 몇 년 징역, 환경법 어기면 몇 년 징역, 노조와 화합을 안 하면 노동법 위반, 정말 마음고생이 많다.

그러나 정말 마음이 약해져서는 안 되겠다는 생각이 든다. 그러면 누가 이 일을 하고 젊은이들에게 일을 가르쳐주고 세상을 헤쳐 나갈 경험과 경제력을 줄 것인가.

어느 생산직원의 말 한마디가 내 눈시울을 뜨겁게 만들었던 기억이 있다.

"사장님, 다시 힘내서 우리 세계시장으로 나가 수출도 많이 하고 직원도 많이 뽑고 봉급도 많이 주세요!"

나는 이제 확실히 내 본연의 위치로 돌아와 새 힘을 받아 다시 시설투자를 하고 직원을 뽑고 약한 생각은 버리기로 마음을 굳게 다졌다.

정치하는 사람들도 일자리 만들고 국민소득 올리기에 전념해 주었으면 한다. 표만 생각하면서 자기 계층의 이익만 대변하지 말고 국가이익을 위해 최선을 다해 주었으면 하는 바람이다.

그리고 사회 곳곳에서 머리에 붉은 띠를 두르고 크게 소리치는 모습을 보면서 저렇게 해서는 새 일자리를 찾아낼 수가 없다는 생각을 해본다. 그 붉은 띠 속에 내 아들의 일자리가 줄어든다는 것을 이제 성숙된 눈으로 보았으면 한다.

나 자신부터 이렇게 이야기할 수 있는 자격이 있는지 생각도 해보았다. 자신은 잘못하면서 남에게는 용기 있는 이야기를 하는 것은 자신을 속이는 일이라고 생각한다. 과연 나 자신도 남이 볼 때 바른길로 가고 있고 정말 최선을 다하고 있는지에 대해 나는 솔직히 자신이 없다. 우리 직원과 주변에서 인정해줘야 한다고 생각하니 부끄럽다. 그러나 최선을 다해 나부터 부끄럽지 않게 기업 경영을 하겠다고 다시 다짐해본다.

이제 모두 힘을 합쳐 새롭게 Run Together 해야겠다.

신앙으로
중심을 잡다

기도하는 사람을 지켜주시는 하나님

얼마 전 늦게 회의를 마치고 회사 앞 어느 식당에서 임원들과 식사를 하던 중 창세기에 대한 이야기가 나왔다. 한 임원이 나에게 하나님이 세상을 창조한 것으로 믿느냐고 물었다. 그 사람은 약학을 전공한 사람으로 성당에 열심히 다니는 사람이다. 자신은 천주교인이며, 성경도 잘 알지만 이런 비과학적인 것에는 동의할 수 없다고 이야기했다. 요컨대 자기는 도저히 믿지 못하겠다는 이야기다. 솔직히 우리 주변에서 이런 생각을 가지고 있는 많은 크리스천을 만날 수 있다.

나는 단호하게 "하나님께서 세상을 창조하시고 분명 살아 계신다."고 했다. 그 사람은 빙긋 웃으면서 진짜냐고 재차 물었다. 나의 대답은 변함이 없었다.

내가 어떻게 이런 어렵고 중요한 신앙고백을 쉽게 할 수 있는지는 내 어린 시절과 우리 가족이야기를 들어보면 이해할 수 있을 것이다.

나는 3남 중 장남으로 보문동에서 태어난 서울 토박이다. 그 당시 부친은 학생복 제조업을 했고 가정은 비교적 부유한 편이었다.

내 나이 다섯 살 때 6·25 사변이 터졌다. 모두 피란길에 들어설 때 나와 우리 가족에겐 큰 불행이 닥쳤다. 어머니께서 저녁 식사로 커다란 냄비에 호박찌개를 끓이고 있었는데, 내가 그곳에 빠지는 바람에 생명이 위독할 정도로 극심한 화상을 입었다. 그 때 너무 뜨거워서 발가벗은 채 온 동네를 뛰어다녔던 것으로 기억한다. 북한군은 쳐들어오는데 아이는 죽게 됐으니 부모 된 마음의 고통은 이루 헤아릴 수 없었을 것이다. 우리 부모님은 피란 가는 것을 포기하셨고, 아버지는 구들장을 뚫고 숨어서 지내기까지 했다. 지금도 죽음과 맞닥뜨렸던 그때의 일이 생생하다.

그런 상황에서 저돌적인 신앙인이셨던 어머니는 밤샘 기도를 시작했다. 그 당시 무슨 약이 있었겠는가. 다만 마당에 심어놓은 옥잠화 잎으로 치료를 하고 기도로 승부를 걸었다.

참으로 신기한 일이었다. 3개월 정도 지나서 나는 완치되었고 지금도 손상된 곳 하나 없이 좋은 피부를 유지하고 있다. 그리고 피란 가지 못한 우리 식구들 중 어느 누구도 다치거나 죽은 사람이 없었다. 우리 집도 부서진 곳 하나 없이 그렇게 6·25를 무사히 넘겼다.

기도하는 사람이 있으면 하나님은 눈동자와 같이 지켜주신다는 것을 나는 몸소 겪었다. 치료하시는 하나님, 이런 하나님을 나는 확실히 믿고 있으며, 오늘도 살아 계셔서 우리를 지켜주신다는 확신이 있다. 조금도 의심할 여지가 없다. 과학적으로 믿기 어렵다고 해도 나는 확신을 가지고 조용히 이야기한다. 하나님을 찾으면 언제나 당신을 도와주고 사랑하여 주신다고 말이다.

"나를 사랑하여 주시는 여호와여, 내가 주를 사랑하나이다. 그리고 이 글을 쓰게 해주셔서 감사합니다."

지식이 아니라 믿음이 중요하다

대학생 때 나는 기독학생회에서 활동했고, YMCA가 주관하는 하령회(YMCA의 기독교여름캠프) 등에 참석해서 새로운 신학을 접했다. 지금은 돌아가셨지만 당시 유명했던 연세대 서남동 교수님은 자유 신학을 가르치는 분이셨다.

그분은 한결같이 지성인은 성경을 과학적이고 이성으로 받아들일 수 있는 부분만 인정한다는 신념을 가지고 신학을 강의하셨다. 구약성경의 문서설, 신화설 등 역사성을 강조하고 학문적 입장에서 성경을 해석했다. 그래서 나는 강의시간에 교수님은 천국을 믿고 내세를 믿느냐고 당돌하게 질문한 적이 있다. 그때 그 교수님은 "나도 확실히 이 자리에서 이야기하기 곤란하다."고 했다. 이어서 나는 하나님이 없는 신학이 왜 필요한지 강력하게 항의해 그 강의가 엉망이 된 적이 있다.

하나님이 없는 신학, 인간의 두뇌로 믿을 것은 믿고, 안 믿을 것은 믿지 않는 이성적인 신학을 나는 받아들이기 어려웠다. 구약성경을 누가, 어떻게 기록했나에 대한 학문적인 지식도 없었고, 목사님들께 물어봐도 그 시대 중동지방의 설화나 신화들을 모아 모세가 정리했다고 설명하는 것이 거의 전부였다. 어떻게 모세가 몇천 년 전 우주 창조를 보았겠느냐는 이야기다.

그러던 중 나는 외경인 요벨서를 읽게 되었다. 그때 요벨서 첫줄에 모세오경은 모세가 하나님을 만나러 시내산에 올라갔을 때 하나님께서 모든 것을 보여주시고 계시하시고 친히 십계명을 써주신 것이라는 글을 읽고 완전히 확신하게 되었다. 요한계시록, 다니엘서, 이사야서 등 모든 예언서와 마찬가지로 창세기도 하나님의 계시로 모세가 기록했다는 것을 알게 되었다. 그래서 구약에 대한 확신과 더불어 성경의 일점일획이 모두 하나님의 감동과 계시로 이루어졌다는 것을 내 신앙으로 받아들이게 되었다.

젊은 시절은 철학과 인문주의 사상에 매혹되기 쉬운 시기임에도 내가 보수적인 신앙관을 갖게 된 데는 동대문에 있었던 장로교인 창신교회의 보수성이 큰 영향을 주었다.

그 당시 권연호 담임목사님은 완고한 보수주의 목회자셨고, 내가 속한 중고등부를 맡아 지도하신 장차남 목사님의 영향 또한 매우 컸다. 그리고 그때 좋은 교사분들도 많이 만났다. 어쨌든 어릴 적 유년부, 중고등부 성경학교는 내가 일생을 살아가는 데 커다란 영향을 미쳤다.

하나님이 중심인 신앙이 내가 가고자 하는 신앙의 목표이고, 성경이 중심인 신앙이 나의 종교관이다. 교파나 신학은 나에게 큰 문제가 되지 않는다. 참으로 마땅히 가르칠 바를 가르치는 목회자가 절실히 그리워지는 시기이다. 성경에서 이야기하는 죄에 관한 문제에 대해서는 더욱 그렇다. 교인이 싫어한다고 해서 교회마다 이 문제는 별로 안 다룬다. 이래서는 안 된다.

하나님이 기뻐하시는 일은 우리가 죄에서 뉘우쳐 새사람이 되는 일이다. 우리의 삶은 하나님이 기뻐하시는 일을 위해서 평생을 이어가는 것이 아닌가 생각된다.

나 자신도 매일 사업과 세상일로 바른 길을 가기 힘들지만 조금이라도 여유가 있을 때는 내가 해야 할 일을 다짐하고 확인하는 생활을 하고 있다. 이것을 깨닫게 해주는 것은 항상 곁에 계신 성령의 인도하심이라고 생각하며 다시 한 번 감사드린다.

한 여인의 기도가 일구어낸 것

나는 어머니를 일찍 여의었다. 아마 초등학교 3학년 때쯤으로 기억된다. 우리 어머니는 정말 지독한 예수쟁이셨다. 매일 기도와 성경책 보는 일 외에는 하는 일이 거의 없으셨다. 왜냐하면 그 당시 폐병이라는 몹쓸 병에 걸리셨기 때문이었다.

집안의 경제사정은 넉넉했지만 절대로 약에 의존하지 않으시고 기도로만 치료하시겠다고 고집하셨고, 그런 어머니를 아무도 말리지 못했다.

철저한 불교신자인 외할머니는 딸이 측은하여 좋다는 약은 모두 가져다가 딸에게 주었으나 그 약들은 모두 쓰레기통으로 들어갔다.

나는 어렸을 때 이런 어머니를 정말 이해할 수가 없었고 제발 약을 드시고 원기를 회복하시면 얼마나 좋을까 하고 생각했다. 그러나 어머니에게는 기도와 찬송이 전부였다. 그리고 기도 내용은 "불교 집안인 친정집 식구와 남편이 예수님을 믿게 해달라."는 기도뿐이었다. 어린 마음에 참으로 황당한 생각이 들었다. 그리고 건강이 많이 좋아지면 가끔씩 나를 데리고 기도원으로 가서 기도하셨다.

우리 아버지는 몇십 년 동안 그런 어머니를 군말 한마디 없이 뒷바라지하며 사셨다. 참으로 대단한 분이셨다. 가끔은 화도 내셨지만 그래도 그런 부인을 사랑하고 잘 대해주셨다. 지금 생각해봐도 나는 도저히 그런 너그러움을 따라갈 수 없을 것 같다.

어머니는 건강이 좀 좋아지시면 봄, 가을에 수십 명의 교인들을 집으로 초청하여 가정부흥회를 열었고, 모든 경비는 아버지가 아무 불평 없이 후원해 주셨다.

그리고 아버지는 가끔 어머니께 금반지, 목걸이 등 패물을 선물하셨는데 몇 달이 지나면 패물은 하나 둘 없어졌다. 부흥집회가 끝나면 금반지는 헌금이 되고 패물은 숭인동 판자촌의 쌀로 변해 있었다. 그리고 다시 아버지가 패물을 해주시면 그것은 어느 새 연탄이 되어 버리는 것이다.

어머니는 결국 병마와 십여 년 동안의 싸움 끝에 돌아가셨다. 나는 그때 그것으로 끝이라고 생각했다. 그러나 어머니의 죽음은 그걸로 끝이 아니었다.

그때 그렇게 염원했던 어머니의 기도가 이루어진 것이다. 완고했던 외갓집 전 식구가 기독교로 개종했고, 지금은 외갓집 자손 어느 누구도 신자가 아닌 사람이 없다. 그리고 우리 집안도 모두 기독교인이 되었다. 그리고 새어머니의 친정집 형제들도 모두 기독교인들이다.

무의미하게 보이던 한 여인의 기도는 그 당시 쓸모없어 보였지만 세월이 지나면서 그 위대한 기도의 힘을 알게 되었다. 물질의 축복과 함께 건강과 하나님의 축복이 몇 대까지 간다고 하는 것을 증명해 보여주었다.

한 알의 밀알이 땅에 떨어져 썩어서 몇백 배, 몇천 배의 열매를 맺는다는 것을 나는 나의 가족사를 통해 이야기하고 싶다. 하나님은 살아 계시고 간구하는 자에게 자손만대까지 축복하여 주시는 것을 나는 지금도 확신하고 있다.

2달러 50센트의 성공

　　　　　　　　　　　나는 성경 읽는 재미에 푹 빠져 지내고
있다. 그 속에서 유태인과 이야기 할 자료를 찾을 수 있고, 이슬람교를
이해할 수 있는 정보들도 발견할 수 있다. 성경을 이해하지 못하면 유럽
인들을 비롯해 미국인, 유태인, 회교도들까지 그들의 생활방식이나 사고
방식을 이해하기가 힘들다. 세계인들이 종교, 문화, 풍습 등과 관련해 생
각하는 방식을 이해해야 유능한 세일즈맨이 될 수 있다고 본다. 때문에
성경이 나의 영업에 큰 도움이 된 것이 사실이다. 이런 의미에서 나는 세
계가 바로 성경과 통한다고 생각한다.

　　미국의 실업가 존 워너메이커는 "나는 일생 동안 투자를 많이 했는데,
그것을 통해 수천 달러를 벌어들였다. 그 중에 가장 성공한 투자는 열두
살 때 단 2달러 50센트로 성경 한 권을 산 것이었다. 이것이 내 인생의

가장 위대한 투자였다. 왜냐면 그 성경이 오늘날 나를 만들었기 때문"이라고 말했다.

즉 존 워너메이커가 성공한 사람이 될 수 있었던 이유는 그가 가난한 소년이었을 때 하나님과 성경말씀을 사랑했던 것에 있다. 그는 성경을 사랑했으며 그것을 읽고 성경의 가르침대로 행동했다.

사실 사업을 한다는 것은 항상 긴장의 연속이다. 매일 계속되는 생존경쟁은 극도의 긴장감으로 우리를 몰아넣는다. 어느 날 아침에는 용기백배해서 사업을 구상하고 비전을 펼치다가도 그날 저녁에는 다시 좌절감으로 절망에 빠질 만큼 변화가 무쌍하다. 그렇기 때문에 경영자라는 위치는 그 누구보다 외롭고 고독하다.

나는 매주 목요일 회의를 주관하러 경부고속도로를 달려 공장에 내려간다. 주위 경치도 좋고, 한적한 고속도로를 달릴 때는 정말 머리가 상쾌해지는 기분을 만끽하곤 한다.

그러던 어느 날 회사의 골치 아픈 문제로 고민하면서 고속도로 위를 달리고 있는데, 갑자기 빌딩 간판에 붙어있는 표어가 눈에 들어왔다. "기도할 수 있는데 무엇을 걱정하십니까!"라는 표어였다. 그 내용이 어찌나 감동적으로 마음에 와 닿던지, 눈물이라도 흘릴 만큼 벅찬 감격을 느꼈다.

그렇게 수십 차례 그 길을 오고 갔는데, 왜 유독 그때 그 표어가 눈에 들어왔는지 참으로 모를 일이다. 힘든 일 없고, 잘나갈 때는 아무런 감흥 없이 눈에도 들어오지 않던 표어가 내 처지가 어렵고 힘들게 되니까 나에게 큰 용기와 위로를 주는 말로 다가왔다. 그래서 많은 사람들이 종교에 관심을 갖고, 신에게 의지하려고 하는 것 같다.

내가 계속되는 긴장 속에서 여유를 찾고, 극도로 외로운 고독감에서 위로를 받을 수 있었던 건 바로 성경 말씀이 있었기 때문이다.

뉴턴은 우리 인간의 유형을 세 가지로 분류했다.

첫째는 인생을 기피하는 사람이다. 남이야 죽든지 말든지 자신의 기분과 자신의 욕심만 생각하는 자기중심적인 기회주의자다.

둘째는 달려가는 말에 올라타서 목에 매달려 있는 사람이다. 이런 사람은 말에서 떨어지는 것이 두려워 말의 목을 꼭 붙들고 있기 때문에 다른 데에는 전혀 신경을 쓰지 못한다. 자신의 의지대로 움직이는 것이 아니라 말이 달려가는 데로 끌려 다니는 종속적인 사람이다.

셋째는 창조주 하나님께 자신의 전부를 의탁하고 하나님께서 지시하는 대로 충성하는 사람이다.

나는 인간의 새로운 역사는 모두 세 번째 사람에 의해 이룩된다고 믿는다. 왜냐면 하나님께서 이런 사람들과 함께 하시기 때문이다.

나는 세 번째 유형의 사람이 되고 싶다. 이를 위해 나름대로 열심히 살아왔고, 앞으로도 그렇게 살 것이다.

이스라엘을 보면 성경을 믿게 된다

　　　　　　　　　　2001년 납세자의 날, 나는 산업포장을
받았다. 당시 매출액이 400억원이 넘었고, 이익도 76억원이었다. 의약
분업에도 불구하고 우리 회사는 미리 준비한 덕에 오히려 위기를 기회로
삼았고 좋은 경영실적을 올린 것이다. 그리고 수출에 주력한 결과 완제
의약품으로 수출 1,000만 달러를 달성했으며, 수출국도 32개국으로 늘
어나 제약회사 중 완제의약품 수출 부문에서는 단연 으뜸이다.

　회사 자랑을 하려는 것이 아니라 지금의 이 모든 실적이 이스라엘 슈
바르츠 박사의 도움이 없었다면 불가능했을 것이라는 것을 너무도 잘 알
기 때문에 회사의 업적이 곧 그의 업적이라는 사실을 알리고 싶어서다.
그분으로 인해 나는 이스라엘을 자주 방문하게 되었고 그 땅에서 성경을
직접 확인하는 기회도 가졌다. 내가 처음 이스라엘을 방문했을 때의 기

분은 한마디로 황당하다는 생각뿐이었다.

풀 한포기 없이 광활하게 펼쳐진 붉은 황토 산에는 뜨거운 햇볕이 내리쬐고 있었으며 물 한 방울 나오지 않아 도저히 인간이 살 수 없는 그러한 광야의 연속이었다.

이런 황량한 광야에 어떻게 애굽을 떠나온 150만 명이 넘는 사람들이 40년 동안 살아갈 수 있었는지 믿기지 않았다.

애굽에서 가져온 물과 양식으로는 6개월 이상은 버틸 수 없고 전쟁을 하면서 계속 진군해야 했으므로 농사를 지을 수조차 없었을 텐데 어떻게 생존이 가능했는지 나의 짧은 상식으로는 도무지 이해가 가지 않았다.

150만 명이라는, 성경에 기록된 숫자는 남자만을 헤아린 것이다. 그러니 여자와 아이들 그리고 노비를 합치면 150만명이 훨씬 더 넘을 것이다. 그러한 악조건에서 그 많은 사람이 살아남았다고 하는 것은 성경에 기록된 대로 만나와 메추라기가 없다면 도저히 설명이 되지 않는다.

모세가 지팡이로 물을 내지 않았다면 어떻게 그 많은 사람이 광야 한복판에서 목을 축일 수 있었겠는가. 그리고 구름 기둥이 없었다면 어떻게 그 뜨거운 사막의 햇빛을 견뎌낼 수 있으며, 불기둥이 없었다면 어떻게 영하로 내려가는 사막의 밤기온을 이겨낼 수 있었겠는가.

그곳에 가보면 모든 궁금증이 한순간에 풀릴 것이다. 그리고 이 모든 것이 바로 하나님의 특별히 인도하심을 증명하는 것이다.

신학 속에 하나님이 없다면

나는 의약품을 팔기 위해 인도를 방문
하여 거래선과 상담하면서 인도의 종교를 접했다. 인도의 모든 음식에는
절에서 나는 향냄새가 배어있었다. 그리고 거리엔 소떼가 주인도 없이
돌아다닌다. 자동차가 아무리 빵빵거려도 소는 움직일 줄을 모른다.

거리에는 먹지 못해 누워 있는 거지들이 즐비하지만 소가 신이라 경배
의 대상이 되어 잡아먹지 못한다. 더욱 재미있는 것은 같은 소라도 암소
이어야 신이지 수소는 신이 아니라 짐도 나르고 일도 시킨다.

그리스 신화에서 제우스신의 아내인 헤라가 소로 변해서 여신으로 추
앙받는다고 하는데 이러한 인도의 소 숭배사상과 어떤 연결고리를 가지
고 있는지도 모르겠다. 또한 이집트에서도 황소는 세트신으로 추앙받고
있다.

이 땅의 모든 동식물들은 "다스리고 정복하라!"는 명령과 함께 하나님께서 우리에게 기업으로 주신 것들이다. 그런데 우리는 도리어 그것들을 신의 반열에 올려놓고 받들어 모시는 말도 안 되는 짓을 저지르고 있다.

레위지파처럼 분연히 일어나 하나님의 명령을 실천해야 한다. 모세가 시내산에서 십계명을 가지고 내려올 때 유대민족이 금으로 송아지를 만들어 신이라고 숭배하다가 모세의 노여움을 샀다. 이때 참석한 사람들 모두를 레위 지파가 칼로 죽인 사건이 있다. 그래서 레위 지파는 제사장 지파로 인정받은 것으로 학자들은 추정하고 있다.

천사의 삼분의 일을 이끌고 하나님을 배신한 루시퍼는 인본주의의 시조이다. 스스로 하나님과 견주고 하나님만큼 높아지려는 생각이 바벨탑 사건으로 이어졌다. 이 생각이 현대 철학에서의 실존주의 철학과 자유신학으로 파급되어 지금 하나님 없는 신학이 넘쳐나고 있는 것이다. 나는 이러한 고백이 없는 신학은 무의미하다고 생각한다.

야경의 절반이 십자가일 정도로 교회들이 많은 우리나라지만 신앙의 질은 어디에 있는지 자문해보아야 한다. 지금 우리 아이들에게 예수님은 먼 나라 사람일 뿐이다. 교회는 이성과 과학이 지배하는 인간들의 생각만으로 가득하고 정작 교회의 주인인 예수님은 교회 문 밖에 계신다. 지금은 뜨겁지도 않고 차지도 않은 세대인 것 같다.

요한계시록 3장 16절에 보며 "네가 이같이 미지근하여 더웁지도 아니하고 차지도 아니하니 내 입에서 너를 토하여 내치리라."고 미지근한 신앙을 질타하신다. 우리의 입맛에 맞춘 신앙이 아닌 확실한 신앙을 우리 아이들에게 심어주어야 할 때다.

나는 '예수님이라면 이런 상황에서 어떻게 판단하실까' 라는 생각을 가지고 언제나 예수님이 생활의 중심인 삶을 살고 싶다.

　"주는 그리스도시요 살아계신 하나님의 아들이시니이다"라는 베드로의 고백이 교회의 반석이다.

성경은 설화나 역사서가 아니다

어렸을 때 재미있게 듣던 하나님의 창
조 이야기, 노아의 방주, 사자 굴의 다니엘, 다윗과 골리앗의 이야
기…….

'이것이 사실이냐, 아니면 설화나 사람이 쓴 작품이냐'를 깊이 생각해
보고 고민을 해본 적이 많다. 그래서 신학서적도 읽고 성경공부도 해서
성경에 대한 나름대로의 확신도 가지게 되었다. '성경을 하나님의 말씀
자체로 믿을 것이냐, 아니면 사람의 창작물로 믿을 것이냐'는 모든 사람
의 믿음의 문제라고 생각한다.

사도 바울은 성경을 다음과 같이 정의하고 있다.

"모든 성경은 하나님의 감동으로 된 것으로 교훈과 책망과 바르게 함
과 의로 교육하기에 유익하니 이는 하나님의 사람으로 온전케 하며 모든

선한 일을 행하기에 온전케 하려 함이니라."

분명히 성경에서는 하나님께서 사람을 감동시켜 쓰게 하셨다고 말씀하고 있다.

얼마 전 유명한 목사님이 세미나에서 설교하는 것을 들었는데 신약의 고린도전서, 로마서 등의 예를 들면서 말씀하기를 "이 성경들은 바울의 편지에 불과하다."고 역설하면서 "이 편지를 하나님의 말씀으로 바꿔서 성도들에게 전하는 것이 목사님의 설교"라고 이야기하는 것을 듣고 깜짝 놀란 적이 있었다.

성경이 바로 하나님의 말씀이고 목사는 하나님의 말씀을 전하는 사람이라고 생각하고 있던 나에게는 너무도 충격적인 일이었다. 목사님의 설교가 성경보다 더 위에 있다면 참으로 위험한 생각이 아닐 수 없다.

그래서 그 많은 교파가 생기고 이단이 생긴 것이 아닌가 생각된다. 성경을 역사에 껴맞춰 이해하려고 하나보니 섣부른 해석을 내리게 되는 것이다.

"성경은 진정한 구원에 이르는 지혜가 있게 한다."는 성경말씀이 생각난다. 나는 성경을 내용 그대로 받아들이고 이해하려고 하며, 안 되면 더욱 배우려고 노력한다. 나는 성경을 이해하려고 성지를 다니다 보니 이제는 성경 고고학에 재미를 붙여서 점점 빠져들고 있다.

성경에서 이해가 안 되던 구절을 몇 개월씩 묵상하다가 깨달음이 올 때의 기쁨은 정말 뭐라고 말할 수 없을 정도다. 어제 읽은 구절인데도 매번 새 감동으로 다가오는 경험은 놀라울 따름이다. 만약 성경이 역사서나 설화라고 생각한다면 도저히 납득하기 어렵다. 그래서 성경은 성령이 가르쳐주시고 해석해주신다는 말씀의 뜻을 더욱 이해하겠다.

이젠 성경을 통해서 인격이 변화되고 사업이나 일상생활의 기본 사고가 성경중심이 되었으면 하는 소망이 생겼다. 나의 삶은 하나님 중심의 삶이라고 감히 이야기하고 싶다.

그렇게까지 해야 하는 이유

나는 성경 구약역사를 전공한 송우승 목사님과 10여년 동안 성경공부를 계속 해오고 있다. 정말 배우는 것이 많다. 이제는 제법 성경의 참맛을 알게 되었다.

내용이 어렵고 해석이 곤란한 구절이 쉽게 이해되고 해석될 때의 기쁨이란 이루 말할 수 없다. 우리가 함께 공부한 내용을 토대로 〈네피림을 통해 본 성경〉이라는 책을 발간했다. 너무나 소중한 책이다. 그리고 〈구약에 나타나는 그리스도〉라는 책도 발간했다.

구약학 박사인 송 목사님도 우리와 함께 공부하면서 새로운 사실들을 발견해 아주 큰 기쁨을 가지고 학생들을 가르치고 계신다.

우리는 성경은 문자 그대로 이해되어야 한다는 전제하에 모르는 것은 성령께서 가르쳐주실 때까지 구하는 방법을 택하고 있다. 정말 어렵고

난해한 구절도 몇 개월을 구하면 반드시 길을 열어주신다는 것을 알게 되었기 때문이다.

나는 오래 전부터 마음속에 이해할 수 없는 성경 내용을 갖고 있었다. 그것은 여호수아가 여리고 성을 점령하고 가나안 백성을 정복할 때 어린 아이부터 여자, 남자 그리고 심지어 동물까지 살해하라고 하신 하나님의 명령이었다. 나는 하나님이 어떻게 그렇게 잔인할 수 있냐는 의문이 떠나지 않았다.

그리고 사울 왕이 블레셋 군과 싸워 이기고 아각 왕과 일부 짐승을 살려주었을 때 사무엘이 사울 왕을 심히 꾸짖고 아각의 목을 벤 구절도 읽고 이해를 못했다. 이 때문에 사울이 하나님께 버림받고 다윗 왕에게 왕위를 빼앗기는 것도 도저히 이해하지 못했다.

그리고 예수님이 바리새인들에게 "이 독사의 자식들아!"하면서 욕을 하는 부분도 이해하지 못했다.

그렇게 의문을 간직한 채 지내다가 창세기에서 그 실마리를 찾았다. 창세기 6장에 하나님의 아들들이 땅 위의 아름다운 여자를 아내로 삼았다는 구절이 있다. 그들 사이에서 난 자식들이 르바임, 즉 네피림이라고도 하는 거인들이라는 구절이 이어졌다.

그러나 이 문제를 깊이 생각하던 중, 에녹서를 보았다. '거인의 서'라는 제목인데 이 구절을 상세히 설명하고 있다. 세미하사라는 천사가 200명의 천사들과 함께 땅에 내려왔는데 그들은 땅의 여인과 결혼하여 자녀를 낳고 인간에게 점치는 것, 마술, 의술, 점성술, 수간(짐승과 교접하는 것), 전쟁술, 호모섹스, 화장술 등을 전수했다고 했다. 그래서 이러한 것들은 하나님을 배역한 마귀의 역사이고 하나님이 제일 싫어하는 행위라고 설명하고 있다.

그래서 이 이방신을 섬기는 가나안 사람들을 전멸시켜 하나님의 선택된 백성을 깨끗하게 지키고자 하신 것이다. 그리고 수간의 대상이고 이미 더러워진 짐승도 멸절시키셨다.

네피림의 후손은 바로 뱀의 후손으로 상징되어 예수님께서 바리새인을 책망하신 것으로 이해하게 되었다.

참으로 놀라운 발견이었다. 그 네피림의 후손이 바로 다윗이 죽인 골리앗이었고, 바산 왕 옥이 바로 이 네피림의 후손으로 성경에 기록되어 있다.

이후 나는 구하는 자에게 하나님께서 눈을 열어 알게 해주신다는 것을 확신하게 되었다.

종교인과 신앙인

얼마 전 나는 종교 개혁지를 방문할 기회가 있었다. 체코를 비롯해서 종교개혁의 중심지 독일, 스위스, 프랑스 교회를 방문했는데 정말 오랜 세월 동안 기독교는 유럽을 중심으로 서구 문명의 주체, 그 자체였다.

가톨릭교회와 개신교회 모두 좋은 자리에 화려하고 장엄한 건물들로 자리 잡고 있는 것을 볼 수 있었다. 그러나 수천 명이 들어갈 수 있는 큰 교회인데도, 젊은이들은 아주 적고 노인들만 수십 명부터 수백 명이 출석하고 있다는 설명을 듣고 매우 의아한 생각이 들었다.

우리나라에서는 교인들이 십일조를 의무화하여 열심히 헌금을 하는데 이들 국가에서는 십일조는 없어지고 종교세를 국가에 납부하면 국가에서 목사 봉급과 운영비를 준다고 한다.

그리고 큰 교회 중에서는 성도가 떠나서 매물로 내놓은 교회가 있었고, 특히 영국에서는 큰 교회가 술집과 식당으로 팔려간 것을 보았다. 참으로 가슴 아픈 일이라는 생각이 들었다.

더 큰 문제는 교회의 교인들이 떠나니 이혼 가정이 늘고, 가정이 깨어지니 어린 자녀들의 교육을 국가가 책임져야 되고, 의지할 곳 없는 젊은이들은 마약을 하는 등 여러 가지 사회적 문제가 꼬리를 물고 일어나고 있었다. 또한 우울증 환자도 증가하고 물질적인 풍요 속에 자살률이 높아지고 있다는 현지인의 설명을 듣고서 또 한번 교회 역할의 중요성을 실감했다.

얼마 전인가 우리 집에 한 미국 할머니가 오셨다. 60대 후반의 나이에 촌스럽고 가난해 보이는 평범한 할머니였다. 그런데 정말 많은 곳에서 할머니에게 전화가 왔다. 주로 대학 교수들이었다. 우리 집에서 며칠 묵고 갈 예정이었는데, 교수들이 자기 집에서 묵고 가라고 전화하는 것이었다. 이 할머니는 아주 난감한 모양이었다. 결국 인천의 모 교수가 모셔갔다.

그래서 왜 이렇게 인기가 많으냐고 물었더니 이 할머니는 앨라배마 주립대 근처에 사는데, 슈퍼마켓에서 일해서 번 돈으로 한국 학생들만 자기 집에 하숙시키며 그들에게 성경을 가르치고 신앙인을 만들어서 한국으로 보내는 일을 해왔다고 했다.

그들이 한국에서 신앙을 갖고 사는 것을 보고 싶어서 없는 돈에 한국에 들렀다고 한다. 그 유학생들이 이제는 성공해서 할머니를 자기 가정에 초청하려는 것이라고 했다.

나는 정말 눈시울이 뜨거웠다. 이 늙은 부인이 바로 미국을 지탱하는 힘이라는 생각이 들었고, 이분이 바로 종교인이 아닌 신앙인의 본보기라는 생각이 들었다.

신앙인과 종교인의 차이를 나는 이 할머니를 통해서 정의할 수 있었다. 나는 '내 자신을 종교인인가, 신앙인인가?' 반성해보았다. 또 '나는 성경을 높이고 하나님을 높이는 생활을 하고 있나?' 생각해보았다. 자신이 없었다. 그러나 확실한 것은 종교인보다는 신앙인이 되고 싶다는 생각을 가지고 그 길을 향해 가고 있는 것만은 확신할 수 있었다.

"나는 하나님을 높이는 진짜 크리스천이 되고 싶다"라는 것이 진정한 나의 신앙고백이다.

재미로라도 점치지 마라

2000년 어느 땐가 나는 아주 급한 전화를 받았다. 회사의 모든 통장을 조사 중이라는 전화였다. 외부로 인출된 자금과 통장잔고 그리고 가족사항에 대해 모 기관에서 철저히 조사하는 중이라고 했다. 나는 무슨 영문인지 몰라 다시 구체적인 내용을 알아봐 달라고 부탁하였다.

나는 정치뿐만 아니라 어떤 일에도 사업 외에는 관여하고 있지 않았고 오직 사업하는 데만 전력하고 있었다.

그 친구는 혹시 자녀 중에 음악과 관련된 사람이 없느냐, 딸이 음대에 다니지 않느냐고 물었다. 나는 딸이 고등학생이고 미술을 하고 있다고 이야기했다. 그러자 그 친구는 다행이라고 했다. 무슨 일이냐고 물었더니 자기도 잘 모른다는 이야기뿐이었다.

한참이 지난 후 확실한 내용을 알았다. 모 음대 교수의 부정입학 사건을 조사 중이었고, 그 교수의 후원자 중 내가 포함되어 있어 혹시 부정입학과 관계가 있을 것으로 생각되어 조사했다고 한다. 사실 나는 그 교수에게 정신적인 도움도 주고 있었고 또한 광고와 같은 물질적인 도움도 주고 있었다. 한번 연주회를 개최하면 몇천만원에서 많게는 몇억원대까지 들기 때문이다. 이 일은 자신의 희생을 각오하지 않으면 안 되는 일이기도 하다.

그러나 그 교수는 이 일을 천직으로 알고 정말 열심히 일하고 있었고, 그런 모습에 감동한 나는 조건 없이 협력하고 있었다. 그러나 그는 불행히 부정입학 사건에 연루되어 TV와 신문에 나오고 재판까지 받고 있었다. 그때 나는 우리 회사 전 직원을 통해 탄원서도 내주는 등 여러 방면으로 노력했다. 아마 이것 때문에 내가 조사를 받게 된 모양이다.

세월이 지나서 나는 그분에게 왜 그런 불행한 일이 일어났느냐고 물었다. 그러나 그분은 자신이 왜 그런 어려운 일을 당했는지 모르겠다고 했다.

나는 혹시 점치러 다니지 않았느냐고 물어보았다. 그 교수는 의아하게 생각하며 왜 그런 질문을 하느냐고 되물었다. 나는 단호하게 그분께 대답했다.

"하나님께서는 점치러 다니는 사람을 제일 싫어하십니다."

죄 중에 제일 큰 죄가 다른 신을 섬기는 것이고 점을 치는 것은 하나님 이외에 하찮은 신을 믿고 의지하는 것이므로 십계명 중 첫 계명을 어기는 것이라고 말했다. 사실 자기가 근래에 몇번 장난삼아 점을 친 일이 있다고 했다. 나는 바로 그것이 당신이 어려움을 겪고 있는 원인일지 모른다고 말했다.

몇해 전 기독교인인 유명 고관 부인이 점을 친다는 소문을 들었다 그리고 얼마 안 되어서 그분의 직계가족이 구속되었다는 신문 보도를 보았다.

성경에서는 사울 임금이 상황이 너무도 급해서 대신 신접한 여인에게 전쟁에서 이기도록 부탁했다. 사무엘은 노해서 사울에게 "너와 네 자식은 이번 전투에서 죽을 것이다."라고 예언했고 사울과 그 아들은 그 전쟁에서 무참히 죽었다.

성경에는 신접한 여인을 가까이하는 사람을 멸하시겠다는 하나님의 말씀이 있다. 신접한 여인이 바로 무당이고 점쟁이다. 하나님이 제일 싫어하시는 일이 점치는 일인데 기독교인 중에는 너무 많은 사람이 그 사실을 알지 못하고 중죄를 저지르는 것이 안타깝다.

만약 점을 치거나 무당에게 의존하면 하나님은 모든 축복을 거두어 가신다는 것을 나는 성경을 통해 확신한다.

"주여 우리에게 다른 신을 섬기는 어리석음이 없도록 하여 주시옵소서."

찬송가, 복음성가, CCM

        몇달 전 저녁 예배시간, 주일학교 어린
이들이 음악에 맞춰 율동을 하기 시작했다. 모두 즐거운 마음으로 어린
이들의 재롱을 진지하게 관람하는데, 한 집사님이 큰 소리로 "아니. 저건
록(Rock) 음악이잖아? 그건 안돼! 너무 시끄럽고 은혜가 될 수 없잖아!"
라며 항의를 했다. 예기치 않은 일이라 모두 당황했다. 율동에 쓰인 음악
이 록리듬에 맞춘 CCM이라 시끄럽게 느껴진 모양이다.

    그런데 나는 그게 그렇게까지 항의할 일인지 납득이 되지 않았다. 그
래서 아들과 함께 인터넷과 음악 서적을 다 뒤져가며 그 집사님이 왜 그
렇게 항의를 했는지 그 원인을 찾아보았다. 덕분에 찬송가(Hymn)와 복
음성가(Gospel song), CCM(Contemporary Christian Music)에 대해
정리해보는 기회를 가질 수 있었다.

일반적으로 찬송가는 예배용으로 사용되며, 하나님께 드리는 노래라고 정의하고 있다. 그래서 찬송가는 '부른다' 고 이야기하지 않고 하나님께 '드린다' 는 표현을 주로 쓴다. 대부분의 찬송가는 클래식 계통의 곡을 사용하고 있다.

복음성가는 미국 흑인들의 종교적 민요인 흑인영가가 주종을 이루며, 당시에 유행되던 블루스풍의 서정적인 백인 대중음악의 곡도 사용되었다. 복음성가는 성도간의 친교와 선교를 목적으로 사용되며, 복음성가 중에는 찬송가에 편입된 곡도 많다.

CCM은 주로 록과 팝, 힙합, 메탈 등의 곡을 사용한 것이다. 베트남 전쟁으로 인해 피폐해진 청년들이 마약을 하면서 듣던 음악을 갈보리 교회의 척 스미스 목사가 성경적인 가사로 바꿔 전도에 이용했다는 기록이 있다. 즉 원래의 가사는 세속적인 것이었으나, 젊은이들에게 익숙한 곡이었기 때문에 이를 개사하여 요즘은 성도간의 교제나 선교를 위해 사용되고 있다.

록과 메탈에는 성서를 비하하고 사탄을 숭배하는 내용이 많다. 이들 음악은 내용이나 곡이 강렬하여 깊은 인상을 주기 때문에 록과 메탈에 열광하는 젊은이들이 많다.

이런 음악은 아드레날린을 생성해서 사람들을 흥분시키는 힘이 있고, 계속 들으면 정신병을 일으킨다는 의학계의 보고가 있다. 또한 식물이나 동물에게 들려주면 소는 젖을 적게 생산하고 식물은 시든다는 연구결과도 있다. 반면에 클래식 음악은 이러한 음악에 손상을 입은 정서를 치유해주는 힘이 있다고 밝혀져, 정신과 영역에서 음악 치료에 사용되고 있다.

록은 비틀즈가 히트시켰는데, 비틀즈는 영감을 얻기 위해 수시로 인도를 방문하여 힌두교 사상 속에서 명상의 시간을 보냈다는 기록이 있다. 많은 신학자들이 힌두교의 수많은 신들이 하나님과 대적하는 영들이라고 정의하고 있는 것을 보면, 항의한 집사님이 록으로 된 CCM에 그토록 강한 거부감을 나타냈던 것도 이해가 간다.

구약 성경에는 "소고와 나팔과 새 노래로 하나님을 찬양하라."는, 구체적인 악기 이름을 언급한 구절이 나온다. 이러한 음악은 승전가나 행진곡 등의 야외 음악에서 사용되었고, 솔로몬이 성전을 완공하고 성전 안에서 찬양을 드릴 때는 현악기를 비롯한 조용한 악기와 찬양대로 한정지었다.

근래에 베네딕트 교황이 미사를 드릴 때 기타 연주를 금지시켰고, 교회 건축을 위한 자선 크리스마스 팝 연주회도 취소시켰다는 외신 보도도 모두 이러한 맥락에서 이해하면 될 것 같다.

CCM은 교회 밖의 청년들을 하나님께 인도하기까지 큰 역할을 했고, 성도간의 교제에도 도움이 되기는 하지만 하나님께 드리는 찬송으로는 적합하지 않은 음악인 것 같다. 많은 교회에서는 이 음악을 본 예배에 사용하기보다는 예배의 성격이나 집회의 내용에 따라 취사선택하며 슬기롭게 사용하고 있다.

CCM을 잘 사용하면 약이 되고 잘못 쓰면 독이 된다는 것이, 이번 집사님 사건이 나에게 주는 교훈이다.

바른 기독교 문화의 중요성

어느 해 가을, 직원회식 후 한강변에서 여직원들끼리 수다파티가 열렸던 모양이다.

선배사원이 금년에 입사한 신입사원에게 물었다.

"너는 대학시절을 어떻게 지냈니?"

"저는요, 1학년 때는 농땡이 치고 너무 많이 놀아서 학점이 거의 F학점이라 고생 많이 했어요."

"그래 뭐하고 놀았는데?"

" MT마다 가고 미팅할 때마다 쫓아다니다 보니 일 년이 다 갔어요."

"거기서 뭘 했는데?"

"MT가 정말 재미나요. 남녀가 모이니 별별 게임이 다 있었어요. 얼마나 재미있었는지 모르겠어요. 왕놀이, 황금박쥐놀이, 번개팅 등 아주 짜

릿한 게임들이 많아요."

"왕놀이는 어떻게 하는데?"

"그건 왕을 뽑아서 왕이 시키는 대로 하면 되요. 키스하라고 하면 키스하고, 더 야한 행동시키더라고 꼭 해야 돼요. 그리고 쌍쌍이 나가는데, 나는 좀 못생겨서 선택이 안 돼 게임만 계속했던 기억도 있어요."

"둘이 나가서 뭐 하는데?"

"그거야 모르죠."

"그런데 넌 기독교 신자인데 어떻게 그런데 갈 수가 있니? 나는 좀 이해가 안 되는데. 그리고 기독교 모임에는 안 가니?"

"왜요? 기독교 모임에도 꼭 가죠. 그런데 재미있는 것은 기독교 학생 모임이에요. 처음 초저녁까지는 한 시간 복음성가와 찬송 부르고요, 한 시간은 계속 기도를 해요. 눈물도 흘리며 진짜 정성스럽게 기도하고 찬송하죠. 그리고 게임에 들어가요. 그럼 똑같아요. 다만 술을 먹지 않는다는 것만 빼고요. 똑같이 왕놀이하고 황금박쥐하고요. 번개놀이도 하고 노래방 가고……. 그리고 신나게 놀다가 마지막으로 열심히 기도하고 끝나는 거예요. 참 신기하죠?"

이스라엘 백성을 애굽에서 구하고 모세는 시내산에 올라가 하나님께 십계명을 받고 백성들에게 희망을 가지고 내려왔을 때 모세가 본 것은 정말 어처구니없는 장면이었다. 백성들은 금송아지를 만들어 놓고 신이라고 경배하고 이 신이 자신들을 가나안으로 이끌어 갈 것이라고 야단들이었다. 그리고 노래와 춤과 섹스를 통해 우상을 경배했다.

모세는 들고 있던 십계명이 새겨진 돌판을 집어던진 후 애통하는 마음으로 하나님께 기도를 드렸다.

"하나님 이들의 죄를 용서하여 주시옵소서."

이들을 징계할 사람을 찾을 때 레위 지파가 나섰다. 레위 지파는 광란의 축제에 참가했던 모든 백성을 칼로 쳐 죽였다. 이 공으로 레위 지파는 하나님께 평생 제사장 지파가 되는 영광을 갖게 되었다.

원래 고대 가나안 지방에 성했던 종교는 다신교다. 풍요의 신인 바알, 그리고 애굽에 있던 오시리스, 이시스 모두가 다신교적인 종교다. 그래서일까. 그들의 문화에서 섹스 축제는 일종의 종교의식 중 하나이다. 광란의 음악과 더불어 사람까지 제단에 바치는 일도 있었다.

하나님이 제일 싫어하시는 일이 이방신을 섬기는 일이다. 이 신들을 거슬러 올라가면 아담과 하와에게 범죄를 충동질하는 뱀, 즉 루시퍼와 연관해서 생각할 수 있다. 이 루시퍼는 하나님보다 높아지고자 했던 타락한 천사라고 알려져 있다. 그의 이 오만한 생각이 하나님의 노여움을 사서 쫓겨나 지금 사탄의 모습으로 우리에게 나타나고 있다.

고대의 퇴폐적인 제사행위가 음란한 섹스 행위로 이어졌고, 이것은 자유라는 이름으로 포장되었다. 이를 지지하는 학문이 최선의 진리는 없고 모두가 다 존중되어야 한다는 포스트모더니즘 철학이고 이 철학에서 나온 것이 종교 다원론이다.

종교 다원론은 예수님 이외에도 구원이 있다는 학설이다. 불교를 믿거나 유교를 믿거나 힌두교, 마호메트를 믿어도 천당 가는 길이 다를 뿐이지 모두 구원받는다고 말한다. 또한 성경은 고대 중동의 설화나 신화, 역사를 정리한 것이라고 이야기하고 있다.

이 종교 다원론, 자유신학이 독일, 프랑스, 영국 등을 휩쓸고 지금 미국까지 들어가서 많은 신학교에서 고등신학으로서 존경받으며, 과학적인 학문으로서 대우받고 있다. 그러나 이 신학이 휩쓸고 간 유럽의 교회는 현재 쇠퇴기를 맞고 있다.

기독교 문화가 타락하면 국가가 망하고 경제가 망한다는 것은 서독에서 볼 수 있다. 이에 반해 기독교가 무섭게 전파되는 중국에서의 경제는 눈부시다.

"하나님, 우리 죄를 용서하시고 우리 교회를 지켜주시고 기독청년문화를 지켜주시고 나라를 지켜주시옵소서. 우리가 믿을 곳은 하나님밖에는 없습니다. 우리의 간절한 기도를 들어주시고 하나님이 없다고 하는 자들로부터 우리를 지켜주시옵소서. 아멘."

평신도가 바라는 목회자상

집안 식구들이 모여 가정예배를 드린 후 잠시 대화를 나누게 되었다.

함께 참석한 조카 녀석이 좀처럼 하기 어려운 이야기지만 한마디 하겠다고 입을 열었다. 자신이 사귀는 여자 친구가 본인에게 며칠 전 들려준 이야기라고 했다.

여자 친구의 친구가 어느 전도사와 결혼을 했는데, 그 전도사가 명품 옷도 많이 사주고 돈을 아주 펑펑 잘 쓴다고 했다. 그래서 친구들이 전도사가 무슨 돈이 있냐고 했더니 친구가 말하길 전도사와 결혼했지만 시아버님이 알아주는 교회 담임목사라고 했다는 것이다.

나는 도저히 이해가 되지 않는 이야기였다. 명품 사고 돈을 펑펑 쓰는 것이 친구들에게 부러움을 사고 시집 잘 갔다고 칭찬받는 것은 더더욱 이해가 안 되었다.

그런데 더 가관인 것은 시아버지 목사님께서 목사안수 받으면 빨리 물려주겠다고 약속까지 했다고 한다. 나는 그게 사실이냐고 다그쳐 물어봤다. 여자 친구가 직접 만나서 들은 것인데 뭐 친구끼리 거짓말하겠느냐는 말에 나는 잠시 멍해졌다.

그리고 평신도로서 분노의 감정이 솟구쳤다. 어찌 그런 목사님이 계실까 하는 생각에 감정을 다스리기 힘들었다. 그리고 내가 관선 이사장으로 있는 신학대학의 총장에게 곧바로 전화를 걸었다.

"총장님, 우리 신학교는 이런 목회자를 배출하지 않지요?"라고 물었다.

총장님은 "참, 어처구니없네요. 안 그러도록 잘 교육해야죠, 이사장님."라고 했다. 그러나 아주 놀라는 기색은 아니었다.

나는 교인들과 하나님에게 부끄러운 생각이 들었다. 한 가정의 운명은 기독교인들에게 달렸고, 기독교인의 운명은 교회와 목사님에게 있고, 목사님의 문제는 신학교 교육 문제라는 생각을 평소에 해왔던 나였다. 그래서 교육은 참으로 중요하고 중요하다.

안타까움에 있다가 그나마 마음의 위안을 주는 일이 생각나 좀 안정을 찾을 수 있었다.

이 분은 캐나다 국적의 선교사다. 서울에 살 때 큰 일식집을 경영했다. 큰돈을 벌고 캐나다로 이민 가서 영주권을 받고 큰 음식점을 하다가 어느 날 성령님의 강림으로 평신도 선교사로서의 사명을 받게 되었다.

그는 하나님으로부터 방언과 치유의 은사를 받았고 무조건 떠나라는 말씀이셨다고 한다. 이것을 거부하려고 무척 노력했는데 하면 할수록 하던 사업도 안 되어서 문을 닫고 계속 기도만 시키셔서 나중에는 월세 집과 연금 몇 푼만 남기고 재산이 다 없어졌다고 한다. 결국 맨 몸으로 캄보디아 라오스로 선교를 떠났고, 몽고에서 일어난 치유은사는 본인 스스로도 놀랬다고 한다.

귀신이 나가는 장면과 죽을병이 순식간에 완치되는 경험은 정말 성령의 은사를 맛보는 순간이었다고 하셨다.

나이가 든 몸을 이끌고 두 부부가 이곳저곳 하나님의 명령을 따라 떠도는 것을 보면서 그리고 아무 돈도 없이 어떻게 선교를 하시는지 정말 성령의 은사가 아니면 이해할 수 없는 부분이었다.

또 한 분이 생각난다.

내가 작년에 우리 회사 공장이 있는 베트남에서 어느 부부가 대기업에 근무하다 현지에 남아 선교를 자비량으로 하고 있는 것을 보았다. 모든 자신의 일상을 주님께 의지하고 선교하는 모습이 정말 아름다웠다.

이런 좋은 추억을 생각하면서 이 참기 어려운 이야기를 소화하였다.

어떤 분은 낙도에서, 오지에서, 주님을 위해 헌신하는 그 믿음이 우리에게 희망과 소망을 주는가 하면 실망을 시키는 분도 계신다는 것을 다시 한번 생각해봤다.

기업하는 사람도 마찬가지다. 어떤 기업가는 큰 기업을 하면서 온 정력과 시간을 회사를 위해 사용하고 본인은 정말 검소하게 사는 분도 있지만 어떤 분은 조그만 기업을 하면서 사치와 망종을 일삼는 기업가도 주변에서 많이 발견한다.

나 자신도 어떤지 조용히 반성하는 기회도 가져보았다. 세상일로 근심하는 것은 사망에 이르는 길이요, 하나님의 일을 진심으로 근심하면 죄의 문제와 영적 문제 해결을 위해 회개하게 되고 이로 인해 구원에 이른

다는 생각을 하면서도 실천하지 못하는 나 자신도 마찬가지로 회개해야
될 대상이라는 생각이 들었다.

"하나님, 우리의 행동이 주님의 하시는 일에 방해되지 않게 하옵소서."
하는 기도가 저절로 나왔다.

그리고 하나님의 나에 대한 부르심을 겸손하게 기다리는 마음이 생겼다.

"주의 나라와 그의 의를 먼저 구하게 하옵소서."

90일의 기적

2008년 12월이었다. 내가 회장으로 있는 외대동문회 조찬모임을 끝내고 모두 서둘러 출근하느라 부산했다. 그런데 아주 우울하게 보이는 얼굴이 있었다. 평소 잘 알고 지내던 대학 교수인 이 모 박사였다.

항상 명랑하던 얼굴에 수심의 그림자가 깊었고 고민하는 모습이 역력했다. 나는 이 교수에게 어떤 안 좋은 일이 있다고 직감적으로 느껴 슬그머니 이야기를 청했다.

그런데 좀처럼 가정이야기나 개인이야기를 하지 않는 이 교수가 갑자기 동생의 이야기를 꺼냈다. 동생은 천재나 다를 바 없는 청년이었다. 서울대를 수석으로 졸업했고, 고시공부를 시작했는데 몇 번이나 낙방하고 나니 사람의 성격이 변했고 계속해서 형님 탓을 하기 시작해서 유학을 보내주겠다고 했으나 그것도 거절하고 괴롭히기 시작한 지가 벌써 몇 년째라고 했다.

그리고 부모님들도 합세해서 동생문제로 형을 압박해서 도저히 하루하루 괴로워 못살겠다는 내용이었다. 동생을 친아들같이 생각하니 눈물만 나고, 말을 듣지 않으니 어쩔 수가 없어 부부가 정말 힘들어 금년에는 학교에 안식년을 신청해 일 년간 쉰다고 했다.

나에게 해결방안이 없겠느냐고 안타까운 표정으로 물어왔다. 나는 단호하게 이 문제는 심리적 또는 가정사적인 문제가 아니고 '영적인 문제'라고 이야기 했다.

느닷없이 지성인인 자기에게 영적인 문제이니 영적인 차원에서 해결방안을 찾아보자는 제안에 처음엔 어리둥절해하였다.

침묵이 흐른 후 이 교수는 "맞습니다. 나도 그렇게 생각합니다. 영적인 문제가 아니면 도저히 생각할 수 없는 문제입니다."라고 동의했다. 나는 즉시 예수를 받아들이고 성령님에게 이 문제를 부탁하자고 제안했다.

사실 참 어려운 제안이고 대화였다. 자기 자신은 미국에서 공부한 박사요, 오랫동안 대학교수로서 지식인이라고 생각하는 사람에게 비지성적인 제안에 금방 순응하기는 쉬운 일은 아니지만 그 자리에서 주님을 받아들이고 금주부터 교회에 출석하기로 약속했다.

그 주에 바로 새벽기도 영성이 강한 명성교회를 추천했고, 다음 주일 아침에 일찍 만나 두 내외와 같이 예배를 드렸다. 한없이 눈물이 나왔다고 한다.

이 교수가 회개의 눈물을 흘린 후 착실히 성경을 읽고 매일 한두 시간씩 전화통화를 했다. 성경과 교회적응과 모든 문제에 대해서 진지하게 토론했다.

이 교수는 한 달쯤 지나 동생을 만나 무조건 잘못했다고 말했다고 한다. 내가 먼저 손을 내밀어야 한다는 판단을 하게 된 것이다. 그리고 동생에게 로스쿨 입학준비를 할 것을 권했는데 놀라운 기적이 일어났다고 한다.

동생이 그 충고를 받아들이고 공부를 시작했다는 것이다.

참으로 신기한 일이 또 있었다. 이 교수와 내가 한창 이 문제로 상의하고 있는데 전화 한 통이 걸려왔다. 이 교수의 부친이었다. 그러면서 '강 아무개라는 사람이 CTS에서 설교하는 것을 보았는데 정말 감격스럽더라. 기독교인은 참 좋더라' 고 아주 흥분된 목소리로 전화를 하시는 것이었다.

이 교수는 그 완고한 아버지가 그 시간에 어떻게 기독교 방송을 보시었느냐는 것에 놀라며 이 역시 참으로 기적이라고 했다. 부친의 전도를 위해서도 기도했는데 자신의 기도가 어떻게 그렇게 빨리 하나님께 상달되었느냐는 것이다.

그리고 한 달 후에 미국으로 유학간 이 교수의 아들이 한국에 들어왔다. 그래서 이 교수는 아들에게 나 이제부터 예수 믿고 교회에 나간다고 이야기 하고 너도 예수 믿자고 하며 전도를 했다. 그러자 아들이 기다렸다는 듯이 "아버지, 나도 미국에서 친구가 교회 나가자고 해서 나갈 생각이었는데 이제부터 성경 읽고 교회 나가겠습니다."라고 대답하는 것이었다.

이 교수는 또 한 번 감격하지 않을 수 없었다. 그리고 한 달이 지났다. 자신의 동생도 교회에서 운영하는 봉사단체에서 가난한 사람을 돌보는 봉사를 시작하고 성경을 공부하기 시작했다는 이야기를 들었다.

불과 3개월 만에 온 집안이 구원을 받은 것이다. 단 3개월 만에 그 어둡던 가정불화에서 온 가족에 평화가 찾아오고 사랑이 깃든 것이다. 이 놀라운 축복은 그리스도를 영접한 한 지성인의 결단에서 시작된 것이다. 이제 교양 기독교인에서 참 신앙인으로 바꾸니 인생과 온 가족이 구원받는 큰 기적이 일어났다.

주님의 깊은 계획은 난 깊이 알지 못한다. 그러나 이제 크리스천이 되어 오늘도 제자들에게 주님을 전하는 그 교수의 모습에서 나 역시 큰 은혜를 받았고 더 열심히 주님을 전해야 한다는 다짐을 하게 되었다.

하나님께서는 내게 다가 온 전도의 기회를 놓치지 않도록 인도하셨고, 그것이 열매 맺은 것에 하나님께 감사하지 않을 수 없다.

"모든 영광을 주님께 돌립니다. 이 땅에 주님의 십자가 복음을 깨닫고 삶의 진정한 목적과 가치를 깨닫는 믿음의 일꾼들이 더 많이 일어나게 하소서."

UNITED FOUNDATION
재단
법인 유나이티드문화재단 을 소개합니다.

유나이티드 문화재단은 우리나라의 얼과 문화를 세계로 전파하고 세계 각국의 문화를 한국에 소개하는, 세계와 소통하는 창이 되고자 설립된 문화의 전당이다. 우리의 문화는 지구촌 안에서 세계 일류 상품을 만들어가는 정신적 지주 역할을 하고 있으며, 세계 속에 한국인의 긍지를 심어주고 있다.
유나이티드 문화재단은 단지 우리 문화를 알리는 것에 그치지 않고, 전 세계 사람들이 한국 문화에 대한 올바른 가치관과 긍정적인 이미지를 형성하는 데 많은 노력을 쏟고 있다.

한국유나이티드 문화재단에서는 이런 활동을 합니다.

예술문화사업(Artistic Cultural Enterprise)

한국의 클래식 문화 대중화에 힘쓰고 한국의 문화를 세계에 알리며 세계 문화를 한국에 소개하는 예술문화사업을 진행하고 있다. 음악, 미술 등 다양한 분야의 공연과 전시를 통해 모두가 즐기는 문화생활을 추구하며, 우리나라의 훌륭한 얼과 문화를 세계에 전파하고 있다.

글로벌인재육성(Global HR Development)

나라와 세계의 미래를 짊어질 어린이들을 위하여 다양한 장학 사업으로 인재를 길러내고 있다. 훌륭한 인재는 지역의 자랑, 나라의 자랑이며 나아가 세계의 자랑이 된다. 어린이들이 저마다의 꿈을 가지고, 각 분야의 일인자가 되어 글로벌시대의 리더로 자리매김할 수 있도록 최선을 다하고 있다.
• 전국 조선족 어린이 방송문화축제 • 유나이티드 글로벌 인재 육성 프로그램 • 다양한 장학사업 •

사회공헌활동(Social Contribution activity)

모두가 열매를 나누고 포근한 그늘 아래에서 함께 쉴 수 있는 거목이 되기 위해 노력하고 있다. 도움의 손길이 필요한 곳을 찾아 다양한 사회공헌사업을 펼침으로써 우리 사회를 더욱 아름답게 만들어가고 있다.

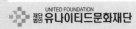
재단
법인 유나이티드문화재단

서울시 강남구 역삼동 616-12 TEL:02-553-0377 FAX:02-554-0273
http://www.kupfac.co.kr E-mail:webpro@kup.co.kr
후원계좌 우리은행 1005-401-396746 예금주 : 재단법인 유나이티드문화재단